2022 - 2023

교회력과 절기에 맞춘
주일예배 대표기도문

한치호 목사의 다른 책들

심령의 부흥, 읽는기도 91일, 2022
교회를 위한 읽는기도 91일, 2021
교회정착, 새신자 100일 기도문, 2020
헌신·절기·행사 대표기도문 77, 2019
기도, 처음인데 어떻게 하나요, 2019
잠언으로 자녀를 축복하는 읽는기도1, 2016
대심방 능력기도문, 2016
추모·장례 설교와 기도문, 2015
가족을 축복하는 읽는기도 100일, 2015
정시기도-읽는기도, 2014
능력기도 예배 대표기도문, 2013

2022-2023 교회력과 절기에 맞춘
주일예배 대표기도문

1판 인쇄일_ 2022년 8월 20일
1쇄 발행일_ 2022년 8월 25일

지은이_ 한치호
펴낸이_ 한치호
펴낸곳_ 종려가지
등록_ 제311-2014000013호(2014.3.21.)
주소_ 서울특별시 은평구 은평로14길 9-5
전화_ 02)359.9657
디자인 내지_구본일
디자인 표지_이순옥
제작대행_세줄기획(02.2265.3749)
영업대행_두돌비(02.964.6993)

ⓒ2022, 한치호

값 7,000원

ISBN 979-11-90968-42-3

문서사역에 대한 질문은 모바일 010.3738.5307로 해주십시오.

2022 - 2023

교회력과 절기에 맞춘
주일예배 대표기도문

한치호 목사

문서사역
종려가지

차례

2022년
10월의 주일예배 대표기도 _ 005

11월의 주일예배 대표기도 _ 020

12월의 주일예배 대표기도 _ 032

2023년
1월의 주일예배 대표기도 _ 044

2월의 주일예배 대표기도 _ 059

3월의 주일예배 대표기도 _ 071

4월의 주일예배 대표기도 _ 083

5월의 주일예배 대표기도 _ 098

6월의 주일예배 대표기도 _ 110

7월의 주일예배 대표기도 _ 122

8월의 주일예배 대표기도 _ 137

9월의 주일예배 대표기도 _ 149

(2022) 10월 1주, 2일, 개천절

마 5:16

이같이 너희 빛이 사람 앞에 비치게 하여 그들로 너희 착한 행실을 보고
하늘에 계신 너희 아버지께 영광을 돌리게 하라

아버지께 영광을 돌리라 하시는 하나님,

감사와 찬양. "하나님 곧 우리 아버지께 세세 무궁하도록 영광을 돌릴지어다."아멘(빌 4:20) 예배하는 시간을 구별하여 여기에 모인 ○○의 권속을 기억하여 주시옵소서. 온 성도들이 하나님께서 받으시기에 합당한 예배를 드리기에 부족함이 없게 하여 주시옵소서. 하나님을 사랑하는 한 마음으로 부복할 때, 주님께 영광이 되시옵소서.

회개와 용서. 십자가로써 죄와, 세상과, 육신과, 사탄의 세력을 이기게 해주신 것을 잊고 지냈던 지난 삶을 회개합니다. 십자가의 진리를 귀하게 여기지 않은 죄를 용서해 주시옵소서. 십자가로 말미암아 죄의 대속과 하나님과의 화목 그리고 구원을 이루신 것을 의심 없이 믿게 하시옵소서. 죄를 용서해 주심의 은혜로 예배하게 하시옵소서.

오늘의 간구. 지금, 우리 사회에서는 단군에 의해서 이 민족이 시작되었다는 개국신화를 신앙화하는 일들이 이루어지고 있습니다. 이 민족의 조상인 단군을 신으로 받들어 섬기게 하려는 우상숭배의 더

러운 일들이 횡행하고 있음을 보시옵소서. 어떤 이들은 하나님을 대적하고, 교회를 방해하기도 합니다. 이 땅 곳곳에 단군에 대한 우상화가 진행되고, 숭배를 조장하고 있으니, 여호와의 손으로 막아주시옵소서.

나라와 사회. 하나님께서 우리나라를 사랑하시고, 국민의 생명과 재산, 영토와 주권을 든든히 지킬 수 있는 막강한 대군을 세워 주심에 감사드립니다. 우리 교회에 군선교에 대한 사명을 갖게 하시고, 오늘, 감사함으로 예배하게 하셨습니다. 조국의 부름을 받아 헌신하는 국군 장병들을 위로하시고, 격려해 주시며 복을 내려 주시옵소서.

지교회 공동체. ○○교회의 권속이 늘 교회의 부흥을 위하여 부르짖게 하시니 우리 교회의 각 기관에서 신앙의 부흥을 경험하게 하시옵소서. 우리 교회가 주님의 몸 된 유기체로서 먼저, 교회의 각 기관에서 성령님께의 충만함을 보게 하시옵소서. 어린 아이들의 지체에서 장년부에 이르는 각 기관의 성장을 보여주시옵소서.

↳이어서 사회와 국가, 교회의 상황에 하나님의 도우심을 구한다.

예배의 순서. ○○의 강단에 성령님의 기름 부으심을 원합니다. 말씀을 준비하신 목사님께 성령으로 감동해주시고, 하나님의 뜻을 온전히 전하시옵소서. 저희들은 주님의 뜻을 바르게 분별하기를 원합니다.

아울러, 성가대원들을 축복합니다. 사랑하는 지체들의 심령을 주장해 주시옵소서. 여호와의 기름 부으심으로 영화로운 찬양이 되게 하시옵소서. 신령한 찬양에 성도들이 한가지로 은혜를 받게

하시옵소서.

예배위원으로 지명되어서 이 시간을 섬기는 종들이 있습니다. 그들에게 섬김의 기쁨을 누리게 하시고, 예배를 도움으로써 하나님을 영화롭게 해드리려는 소원이 불타오르게 하시옵소서.

회중의 중보. 지체들이 하나님께 더욱 더 순종할 수 있도록 말씀과 성령으로 다스려 주시옵소서. 악의 세력이 도처에서 준동해도 하나님의 교회를 보존하시며, 부흥하게 해주시옵소서. 하나님을 대항하는 사탄의 모든 세력과 하나님의 말씀을 거역하는 모든 음모를 분쇄시켜 주시옵소서.

연약한 지체를 위함. 참으로 안타깝습니다. 저희들과 함께 예배하고 싶어도 병들어서 이곳에 오지 못한 ○○의 환우들이 있습니다. 귀신들려서 눈이 멀고, 말 못하는 사람을 고쳐 주셨던 예수님께서 그들에게 찾아가 주시기를 빕니다. 우리 모두가 지체들의 고통에 동참하여 함께 눈물을 흘리니 불쌍히 여겨 주시옵소서.

결단의 간구. 오늘이라는 이 삶이 산 제물로 드려지는 생활이 되게 하시옵소서. 주님의 소유로 살아가게 하시옵소서. 주님의 품에서 소망 가운데 즐거워하고 사랑으로 불타게 하시옵소서. ○○ 교회 안에서 이루어지는 모든 것들이 하나님의 사랑으로 나타나도록 도와주시옵소서. 저희들 개인적으로는 신앙의 성숙을 경험하게 하시옵소서.

　　　　　　　　예수님의 이름으로 기도드립니다. 아멘.

10월 2주, 9일, 한글날, 토 문화의 날

요 15:8

너희가 열매를 많이 맺으면 내 아버지께서
영광을 받으실 것이요 너희는 내 제자가 되리라

열매를 많이 맺게 하시는 하나님,

감사와 찬양. "여호와를 찬송하라 여호와는 선하시며 그의 이름이 아름다우니 그의 이름을 찬양하라."(시 135:3) 하시니 찬송으로 예배를 시작합니다. 예배하러 모인 ○○의 지체들을 거룩하게 하시옵소서. 이 전에 모인 이들마다 받은 은혜로 입술을 열어 하나님의 높으심을 찬양하게 하시옵소서. 이 시간의 예배로 닫혔던 입술과 마음을 활짝 열어주시고, 하늘의 하나님께만 영광을 드리게 하시옵소서.

회개와 용서. 오늘도 우리를 사랑하사 지난날의 그 많은 실수를 꾸짖지 않으시고, 현재의 이 시점에서 "네가 나를 사랑하느냐"고 물으시는 주님을 바라봅니다. 그 크신 은혜로 저희들을 용서해 주시옵소서. 하나님을 떠난 생각을 다 버리게 하시옵소서. 깨끗하게 해 주시옵소서.

오늘의 간구. 하나님께서 사랑하시는 세상에 대한 영적인 눈을 뜨기를 원합니다. 세상에서 하나님의 뜻이 이루어지고, 하나님을 영화롭게 해드림을 발견하게 하시옵소서. 하나님께서 주시는 마음으로 사람들을 보게 하시옵소서. 여전히 하나님은 그들을 사랑하시는데, 저희들에게도 신자와 불신자로 그들을 구별하지 않고, 품게 하시옵소서. 이웃에서 함께 살아가는 사람들을 하나님의 마음으로 품게 하시옵소서.

나라와 사회. 대한민국, 이 나라와 이 백성이 하나님께로 돌아와야 하는 것을 저희들의 생명과 연결 짓게 하시옵소서. 저희들이 많은 사람을 옳은 데로 돌아오게 하여 우리 조국을 사랑하시는 여호와의 뜻을 이루어드리게 하시옵소서. 구원의 복음을 한 사람에게라도 더 전하게 하시옵소서. 구원받아야 하는 영혼들에게 저희들을 보내주시옵소서.

지교회 공동체. 사랑하는 지체에게 교회 공동체로 한 몸을 이룸의 은혜를 내려 주시옵소서. 그리고 저희들에게 함께 지내도록 하신 지역사회와 한 몸을 이루게 하시옵소서. 주님을 머리로 삼고, 각 사람이 지체가 되어 교회에 맡겨진 일을 이루게 하시옵소서. 저희들이 생각과 말, 행동에 서로 참여하여 섬기게 하시옵소서.

↳ 이어서 사회와 국가, 교회의 상황에 하나님의 도우심을 구한다.

예배의 순서. 말씀을 선포하실 목사님께 영력을 더하여 주셔서 그가 대언해서 증언하시는 말씀에서 하나님의 음성이 들려지게 하시옵소서. 말씀의 권세와 능력으로 선포하게 하시며, 회중에게는 복음을 위해서 헌신하기를 다짐하는 복된 시간으로 삼게 하시옵소서.
오늘도 주님을 영화롭게 해드리는 ○○성가대를 세우셨으니, 예수님을 구주로 믿는 무리들이 한 마음으로 하나님을 찬양하며 예배하도록 하시옵소서.

이 예배를 영과 진리로 드리기 위해서 봉사하는 여러 종들을 구별해 주셨음에 감사합니다. 오직, 하나님을 영화롭게 해드리는 예배가 되기 위해서 봉사에 더욱 충성스럽게 감당하게 하시옵소서.

회중의 중보. 사랑하는 지체에게 교회공동체로 한 몸을 이룸의 은혜를 내려 주시옵소서. 그리고 저희들에게 함께 지내도록 하신 지역사회와 한 몸을 이루게 하시옵소서. 주님을 머리로 삼고, 각 사람이 지체가 되어 교회에 맡겨진 일을 이루게 하시옵소서. 저희들이 생각과 말, 행동에 서로 참여하여 섬기게 하시옵소서.

연약한 지체를 위함. 성도들의 사업장을 위하여 간구합니다. 저들을 사랑하셔서 이 땅에서 사는 날 동안 먹고, 입고, 쓰면서 지내게 하셨음에 감사합니다. 경제적인 침체로 어려움을 겪고 있는데, 주님의 돕는 손길로 기름 부으심을 경험하게 하시옵소서. 하나님의 은혜가 자로 재어주신 구역에서 나타나 기업을 통해서 형통의 복을 누리게 하시옵소서.

결단의 간구. 저희들의 삶에서 맺어지는 성령의 열매를 통하여, 그 향기를 통하여 하나님께 영광이 되기를 소원하게 하시옵소서. ○○의 성도들 스스로가 세워지고, 믿음이 연약한 지체들에게는 붙들어 주는 은혜를 경험하게 하시옵소서. 이로써 많은 사람들을 올바른 길로 돌아올 수 있게 하는 놀라운 역사가 일어나도록 헌신을 결단하게 하시옵소서.

예수님의 이름으로 기도드립니다. 아멘.

10월 3주, 16일, 경찰의날

약 5:7

그러므로 형제들아 주께서 강림하시기까지 길이 참으라 보라 농부가 땅에서 나는 귀한 열매를 바라고 길이 참아 이른 비와 늦은 비를 기다리나니

길이 참으라 하시는 하나님,

감사와 찬양. 온 성도들이 여호와 앞에 엎드려 예배하기를 원합니다. 하나님의 귀하신 이름을 영원부터 영원까지 송축합니다. 분주해야만 하였던 일상의 삶을 쉬고, 종일을 예배하며 지내도록 이끌어 주시옵소서. 찬양과 경배를 홀로 한 분이신 주님께만 드리게 하시옵소서.

회개와 용서. 이 시간에, 저희들의 죄를 고백합니다. 하나님을 영화롭게 해드리기보다, 저희들 자신의 영광을 위해서 살아왔던 죄를 용서하옵소서. 삶의 모든 자리에서 여호와의 주님이 되심을 인정해드리지 못했던 죄를 용서해주시옵소서. 주님께서는 죄악을 사유하시며 허물을 덮어 주심을 믿습니다.

오늘의 간구. 이웃과 마음을 같이 할 수 있는 태도를 갖기를 원합니다. 그들과 같은 사랑을 가지고 뜻을 합하며 한 마음을 품게 하시옵소서. 예수님의 겸손하심으로 이웃을 대할 수 있게 하시옵소서. 그리하여 그들에게 예수님을 보여 주게 하시옵소서. 주님의 말씀대로, 오직 겸손한 마음으로 각각 자기보다 남을 낮게 여기게 하

시옵소서.

나라와 사회. 저희들 주변에, 원하지 않는 상황을 만나서 노숙인으로 지내는 이들을 불쌍히 여겨 주시옵소서. 그들 중에, 사업에 실패를 하였거나 순간적인 잘못으로 생활의 터전을 잃은 이들을 도와주옵소서. 삼위일체 하나님의 살리시는 은혜로 말미암아 다시 일어서게 하시옵소서. 질병으로 고통을 당하고 있는 이들에게는 치료하시는 손길로 만져 주시옵소서.

지교회 공동체. 충성하는 공동체를 소망하도록 하신 하나님 앞에서 ○○의 성도들이 착하고 충성된 종이기를 빕니다. ○○교회가 충성하는 것이 하나님의 소원을 성취해 드리는 작업이 되게 하시옵소서. 성령님께서 우리 지체들, 각 사람의 마음을 주장하셔서 충성을 다하는 교회에 헌신하게 하시옵소서.

↳ 이어서 사회와 국가, 교회의 상황에 하나님의 도우심을 구한다.

예배의 순서. 하나님의 말씀을 기다립니다. 말씀을 전하실 목사님을 성령님께 충만하심으로 붙잡아 주시옵소서. 저희 무리에게 주시기를 원하시는 하나님의 말씀을 가감 없이 대언하시게 하시기를 소망합니다.
성가대원들이 하나님 앞에 찬양을 드릴 때에 아름다운 찬양으로 영광을 돌리게 하시옵소서. 그들이 준비한 한 곡조의 찬양이 주님의 영광을 선포하는 것이 되게 하시옵소서.
오늘도 예배 봉사를 위하여 많은 종들을 구별해서 세워주셨습니다. ○○교회가 하나님을 영화롭게 해드리도록 자기들에게 맡겨진 직책에서 충성스럽게 감당하게 하시옵소서.

존귀한 지체들이 예배를 위하여 봉사합니다. 그들이 참으로 몸을 드려 수고하고 있습니다. 봉사하는 종들에게 큰 은혜를 내려주시옵소서.

회중의 중보. 저희들, 생각하는 대로 보고 싶은 대로 세상을 바라보다가 죽게 되지 않기를 원합니다. 저희들에게 당한 문제보다 크신 하나님을 바라보며 하나님이 함께 하심이 저희를 삶의 이김이 됨을 믿습니다. 수시로 마음속에 들어오는 어두움을 단호히 물리치고 일어나 빛을 선택하게 하시옵소서. 저희들은 빛 되신 주님만 바라보게 하시옵소서.

연약한 지체를 위함. 지금, ○○ 교회의 가족들에게 건강의 은혜를 주시기 원합니다. 질병의 그늘 아래에서 고통 가운데 있는 이들에게 주님의 얼굴을 향하여 주시옵소서. 그들이 눈물로 기도하는 병상에서 여호와 우리 하나님의 거룩하심이 선포되기를 원합니다.

결단의 간구. 저희들을 세상으로 보내주시옵소서. 구원받아야 할 세상 사람들을 위하여 잃은 영혼을 찾아가게 하시옵소서. 주님의 목적을 깨달아 받들어서 끝까지 따르게 하시기 원합니다. 방탕한 자들을 일깨워 주고, 주린 자들을 돌아보며, 약한 자들을 일으켜 주고, 마음이 상한 자들을 위로하게 하시옵소서.

예수님의 이름으로 기도드립니다. 아멘.

10월 4주, 23일, 🌐 국제연합일, 🏛 교정의날

요삼 1:11

사랑하는 자여 악한 것을 본받지 말고 선한 것을 본받으라 선을 행하는 자는 하나님께 속하고 악을 행하는 자는 하나님을 뵈옵지 못하였느니라

선을 행하라 하시는 하나님,

감사와 찬양. "오직 너희의 하나님 여호와께 가까이 하기를 오늘까지 행한 것 같이 하라." 아멘(수 23:8) 복된 날 아침에, 자기의 처소에서 흩어져 지내던 지체들이 주님의 집으로 모였습니다. 하나님께서 지키도록 구별해 주신 여호와의 성일을 기뻐합니다. 예배할 때, 여호와의 인자하심이 영원하심을 찬양하게 하시옵소서.

회개와 용서. 저희들은 성령님을 모셔 들이지 못하고, 세상적인 풍조에 마음을 두고 지냈음을 회개합니다. 성령님의 역사하심을 환영하고, 성령님께서 사용하시도록 저희들 자신을 드렸어야 하였지만, 반대로 인간적인 생각과 마음 끌림의 욕망을 앞세웠던 죄를 자복합니다. 여호와의 긍휼하심으로 성령님께 소홀히 한 죄에서 떠나게 하시옵소서.

오늘의 간구. 복된 날 아침에 주님 앞으로 나왔습니다. 종교개혁을 기념하여 지키는 이 날에 진실한 영혼으로 주 하나님께 찬양을 드리기를 원합니다. 주님을 찬양하는 중에, 성령님의 깨달음으로 저희들의 양심이 괴롭고 책망하는 것일지라도 감사로 여기기 원합

니다. 나아가 주님의 뜻에 귀를 기울이게 해주시옵소서.

나라와 사회. 민족을 보호하시는 하나님이십니다. 외세의 침략이 많았고, 민족적으로도 부침이 많았던 이 나라를 불쌍히 여겨 주시옵소서. 하나님의 은혜로 지구상에서 부강하고 굳건히 세워지는 나라가 되게 하시옵소서. 하나님의 공의가 강물처럼 흐르는 사회가 되어 모든 이들이 하나님을 두려워하게 하시옵소서.

지교회 공동체. 우리 교회가 참으로 하나님을 기쁘시게 해드리기를 원합니다. 교회에 있는 여러 기관들과 조직들을 통해서 하나님의 일하심이 많아지게 하시옵소서. 그 일하심으로 말미암아 불신자들이 교회로 초청되게 하시며, 그들이 주님을 영접하는 역사가 나타나기를 원합니다. 많은 이들이 주님께로 돌아오는 교회로 삼아 주시옵소서.

↳ 이어서 사회와 국가, 교회의 상황에 하나님의 도우심을 구한다.

예배의 순서. 오늘, 말씀의 영으로 충만하게 하시옵소서. 강단에 임하는 기름 부으심으로 말씀을 선포하실 목사님께 성령으로 역사하심을 보게 하시옵소서. 저희들은 그 말씀에 가슴이 뜨거워지게 하시옵소서.
○○성가대원들을 준비시켜주셨음에 감사합니다. 하나님 앞에서 찬송을 맡은 이들이 벅찬 감격으로 찬양을 부르게 하시고, 저희들에게는 예배하려는 마음이 더욱 간절해지게 하시옵소서.
거룩한 한 시간의 예배를 위해 헌신된 일꾼들에게도 은혜를 내려 주시옵소서. 부름을 받은 그 은총에 감사하면서 거룩한 섬김에 충성을 다하게 하시옵소서. 성소에서 두려운 마음으로 봉사하게

하시옵소서.

회중의 중보. 저희들의 생활 속에서 말과 행동과 사랑과 믿음과 정절이 믿는 자의 본이 되는 생활을 감당할 수 있도록 인도해 주시옵소서. 이제는, 하나님께의 영광을 드림을 소원으로 삼게 하시고, 여호와의 율례와 규례를 지키고 주님의 말씀과 성령의 은혜 속에서 하루하루를 살아가는데 부족함이 없도록 이끌어 주시옵소서.

연약한 지체를 위함. 여호와의 치료하시는 은혜로 ○○ 교회의 지체들을 연약함에서 풀어 주시옵소서. 병든 이들을 바라보시고, 치유의 말씀을 해주시며, 성령님의 만져주심으로 살리시는 주님의 영광을 보게 하시옵소서. 잃었던 건강을 찾고 즐거워하는 것이 하나님의 뜻임을 믿습니다. 인자하신 얼굴로 치료하시는 은혜를 입게 하시옵소서.

결단의 간구. 저희들에게 삶의 장소로 주신 세상에서 빛이 되며, 소금이 되게 하시옵소서. 저희들이 함께 살아가고 있는 세상의 사람들을 주목하게 하시옵소서. 그들의 삶에 유익과 도움이 될 수 있는 나눔의 삶이 되게 하시옵소서. 저희들의 수고스러운 행실이 착한 열매가 되어 하나님 나라 확장에 쓰임을 받게 하시옵소서.

예수님의 이름으로 기도드립니다. 아멘.

10월 5주, 30일, 종교개혁주일, ⓔ 종교개혁일, ⓚ 학생독립운동기념일

사 24:15

그러므로 너희가 동방에서 여호와를 영화롭게 하며 바다 모든 섬에서
이스라엘의 하나님 여호와의 이름을 영화롭게 할 것이라

종교개혁의 은혜를 주신 하나님,

감사와 찬양. 하나님을 경외하고, 그 명령을 지키라는 말씀에 순종하여 교회로 모였습니다. "우리 주 예수 그리스도의 하나님, 자비의 아버지, 모든 위로의 하나님"께 찬송을 드리게 하시옵소서. 여호와께 존귀한 성도들이 모든 무릎을 예수의 이름에 꿇게 하시옵소서. 우리의 영원한 왕에게 무릎을 드리는 한 시간으로 삼아주시옵소서.

회개와 용서. 하나님께서 맡겨주신 땅에서, 청지기적인 사명을 잃고 지낸 삶을 고백합니다. 우리의 욕심으로 말미암아 생태계가 파괴되고, 오염되었음을 용서해 주시옵소서. 자연 환경을 보존하고, 가꾸는 일에 적극적이기 원합니다. 이 땅에서 사는 동안에, 자연을 소중히 생각하며 지내도록 하시옵소서.

오늘의 간구. 저희들에게 종교개혁의 신앙으로 살게 하시옵소서. 저희들이 하나님의 뜻에서 어긋나게 될 때마다 바른 길로 돌아서도록 이끌어 주시옵소서. 이제는 자신의 개혁이 일어나 하나님의 말씀으로 새롭게 지어지기 원합니다. 이 거룩한 순간에, 하나님의 은

혜만이 생명의 삶을 살아가도록 하심을 잊지 말게 하시옵소서.

나라와 사회. 이 땅의 백성이 살아가도록 하시고, 각 사람에게 생업을 주신 하나님이십니다. 사랑하는 백성에게 생업을 주셨으니, 그들이 일하는 중에 부하게 하시옵소서. 저들을 사랑하셔서 자기 분깃의 일을 하며 성취의 만족을 누리게 하시니 감사드립니다. 사랑하는 지체들에게 일터를 통한 번성의 삶을 경험하게 해 주시옵소서.

지교회 공동체. 우리 교회가 성령님의 충만하신 역사로 성장되어, 하나님의 나라가 확장되는 것을 바라봅니다. 저희들은 부족하여도, 성령님께서 우리들 각자에게 주신 은사를 사용하게 하심으로써 하나님의 영이 충만한 ○○ 교회를 만들게 하시옵소서. 저희들에게 주신 것을 하나님의 교회를 위해서 드릴 수 있는 영광에 감사하게 하시옵소서.

↳ 이어서 사회와 국가, 교회의 상황에 하나님의 도우심을 구한다.

예배의 순서. 이 시간에, 하나님께서 말씀을 선포하시니 저희들에게는 들을 귀를 갖게 하시옵소서. 하나님의 말씀을 증거 하실 때 힘이 있고, 능력이 있는 말씀 되게 하시옵소서. 그 말씀으로 교회는 세상에 나아가 승리하도록 도와주시옵소서.

우리의 찬양과 경배를 한 목소리로 표현하는 성가대원들에게 은혜를 내려 주옵소서. 입술로만이 아니라, 그들의 몸으로 부르는 찬양이 되기를 원합니다.

하나님의 교회와 예배의 진행을 돕도록 일꾼을 세워주셨습니다. 부름을 받은 이들이 자원하는 심정을 갖고, 섬기게 하시옵소서.

맡은 자리에서 그들이 봉사로 섬길 때, 은혜를 더하여 주시옵소서.

회중의 중보. 저희들에게 누리게 하신 은혜를 즐거워합니다. 십자가의 구속을 찬송하는 ○○ 교회의 권속에게 은혜의 물결이 넘치기를 소망합니다. 주님을 즐거워하는 예배가 되게 하옵소서. 주의 이름으로 오신 왕에게 찬송을 드리는 한 시간이기를 소망합니다. 성도들에게 십자가에서 이루어진 평화를 누리게 하시옵소서.

연약한 지체를 위함. ○○ 교회의 가족에게 치료하시는 성령님의 역사를 보여 주시옵소서. 여호와의 능력으로 병을 이기게 하시옵소서. 그들이 지금은 질병으로 육체는 어려움을 겪으시겠지만, 자신의 몸으로 말미암아 이루어질 하나님의 일을 바라보게 하시옵소서. 은혜의 시간으로 삼아 주시옵소서.

결단의 간구. 저희들에게 성도의 직분을 감당할 수 있도록 주님의 성품을 닮아가도록 감화시켜 주시옵소서. 하나님의 거룩하고 성별된 자녀가 되었으니 성도의 품위를 지킬 수 있도록 축복하여 주시옵소서. 저희들이 세상을 힘으로 이기는 것이 아니라 하나님의 말씀으로, 하나님의 권세로, 하나님의 능력으로 이길 수 있도록 저희에게 강하고 담대한 믿음을 갖도록 축복하여 주시옵소서.

예수님의 이름으로 기도드립니다. 아멘.

11월 1주, 6일, 입동, 농업인의날

계 19:5

보좌에서 음성이 나서 이르시되 하나님의 종들 곧 그를 경외하는 너희들아 작은 자나 큰 자나 다 우리 하나님께 찬송하라 하더라

보좌에서 나오는 음성의 하나님,

감사와 찬양. "여호와께 그의 이름에 합당한 영광을 돌리며 거룩한 옷을 입고 여호와께 예배할지어다."아멘(시 29:2) 주님의 날을 사모하던 백성들이 머리를 숙였습니다. 이 날이 저희들에게 거룩한 날이 되기를 기다렸으니, 오늘 하나님의 거룩함으로 들어가게 하시옵소서. 이 시간에, 영과 진리로 예배할 때, 여호와의 이름에 합당한 영광을 돌리게 하시옵소서.

회개와 용서. 저희들은 게으르지 아니하고 믿음과 오래 참음으로 살아야 하였지만, 나태하였고, 주위의 상황에 대하여 쉽게 분노하고, 쉽게 짜증을 내며 지내왔음을 고백합니다. 천국의 약속들을 기업으로 받는 자들로서의 모습이 흐트러졌음을 용서해 주시옵소서. 이제, 육신의 생각과 소욕에 매이는 죄를 벗어버리도록 인도해 주시옵소서.

오늘의 간구. 오늘, 교회가 사람만 모인 집단이 아니고, 성령님께서 임재하시는 거룩한 자리가 되게 하시옵소서. 복음의 빛을 진 자로의 사명을 게을리 하지 않는 교회가 되게 하시옵소서. 여기에서

하나님의 나라가 이루어질 때까지 기도하는 저희들이 되게 하시옵소서.

나라와 사회. 이 나라를 위해서 봉사하는 위정자들을 위하여 간구합니다. 위정자들이 여호와 앞에서 하나님의 손길을 대신하여 이 사회를 이끌어 나가게 하시옵소서. 나라와 국민들을 위한 정치에 전념하게 하시옵소서. 자신의 이익과 행복보다는 국민들을 위한 봉사자로 정치에 임하게 하시옵소서.

지교회 공동체. ○○의 지체들이 주님의 이름으로 모인 지금, 성령님의 충만하심을 사모하게 하시옵소서. 사랑하는 권속에게 ○○교회의 부흥에 대하여 계획을 갖고 계시는 성령님께로 나아가게 하시옵소서. 주님을 사랑하여 값비싼 향유를 드렸던 여인과 같이 저희들에게도 드림의 은혜로 지내게 하시옵소서.

↳이어서 사회와 국가, 교회의 상황에 하나님의 도우심을 구한다.

예배의 순서. 오늘도 말씀을 들고 단 위에 서신 목사님을 위하여 간구합니다. 귀한 종에게 사자의 권위와 감화하는 말씀의 능력을 나타내 주시옵소서. 말씀을 전하시는 목사님과 말씀을 받아야 하는 회중에게 하나님의 영광이 임재하게 하시옵소서.
○○성가대의 아름다운 찬양이 있는 예배로 하나님께 영광을 돌리게 되며 찬송의 능력을 체험하게 하시옵소서. 기도하는 마음으로 준비한 그들의 찬양으로 이 전에서 올려드려야 하는 하나님의 영광을 선포하게 하시옵소서.
누구보다도 이른 시간에 나와서 예배를 돕는 지체들이 있습니다. 저들의 봉사를 하나님은 받으시고, 복을 내려 주시옵소서.

회중의 중보. 하나님께는 영광을 선포하고, 주님께서 부활하신 승리를 기뻐하는 권속을 축복합니다. 저희들에게 부활신앙을 갖게 하셔서 저희들을 억누르고 있는 절망을 거두어주신 예수님을 즐거워합니다. 이 땅이 아무리 어둠이 심하고, 저희들에게 희망이 보이지 않는다 해도, 전혀 낙심하지 않게 해 주셨음에 소망 중에 주님을 바라봅니다.

연약한 지체를 위함. 맹인과 저는 자들을 성전에서 고쳐주셨던 예수님의 은혜를 구합니다. 몹쓸 질병에 걸려 눈물을 흘리고, 말 못할 고통으로 가슴을 죄고 있는 지체들을 일으켜 주시옵소서. 주님께서 갈보리에서 흘리신 피와 주님의 놀라운 이름으로 말미암아, 완전히 자유함을 받게 하시옵소서.

결단의 간구. 하나님께서 보시기에 아름다운 성도의 역할을 감당할 수 있는 저희들이 되게 하시옵소서. 저희로 주님의 사랑을 실천하게 하시어 이웃을 위하여 기도하게 하여 주시옵소서. 이웃의 아픔으로 인하여 주님의 고난을 기억하사 저희로 그들에게 도움의 손길을 펼 수 있는 긍휼의 마음을 허락하여 주시옵소서.

예수님의 이름으로 기도드립니다. 아멘.

11월 2주, 13일. 주 순국선열의날

시 147:12

예루살렘아 여호와를 찬송할지어다
시온아 네 하나님을 찬양할지어다

찬송하고, 찬양하라 하시는 하나님,

감사와 찬양. "그대는 하나님께서 하신 일을 기억하고 높이라 잊지 말지니라 인생이 그의 일을 찬송하였느니라."는 말씀에 따라 ○○의 권속이 모이게 하셨습니다. 거룩한 곳에 모인 저희들이 우리 하나님을 송축하니, 하나님을 찬양하는 소리가 예배당에 가득 채워지기를 원합니다. 하나님의 이름에 합당한 영광을 드리게 하시옵소서.

회개와 용서. 여호와의 은혜가 넘침은 저희들끼리만 흡족해 하라 하심이 아님을 알면서도 만족하는데 그친 죄를 고백합니다. 하나님께서 저희들에게 주심은 그것으로 여호와께 감사하고, 그 이름을 영화롭게 해드려야 하였으나 그렇게 하지 못한 죄를 고백하니 용서해 주시옵소서. 오늘도 주님의 보혈로 죄를 씻어주심의 은혜를 받게 하시옵소서.

오늘의 간구. 추수감사절을 맞이하게 하셨습니다. 하나님께서 저희에게 정말 감사해야 할 것을 주셨으니, 오늘은 종일 주의 베풀어 주신 것들을 기억하며 찬송하게 하시옵소서. 저희들에게 주신 이 감사를 이제 알고, 저희들이 갖고 있는 것을 모아서 다른 사람들에게도 나누어 줄 수 있는 마음을 주시옵소서. 이것이 ○○의 지체들에게 감사의 증거가 될 것임을 믿습니다. 기쁨의 축제를 모두가 나누게 하시옵소서.

나라와 사회. 교회가 지역사회의 구원방주가 되게 하시며, 크신 능력과 축복을 허락하셔서 죽어 가는 많은 심령들에게 복음의 기쁜 소식을 전할 수 있게 하시옵소서. 하나님께서 구원이 작정된 영혼들을 찾아내는 교회로 인도해 주심을 빕니다. 또한, 역할과 사명에 따라 기관을 세우셨으니 맡은바 사명을 감당하게 하시고 날로 발전하게 하시옵소서.

지교회 공동체. 세상을 구원하시려고 주님의 참된 터 위에 저희 교회를 세우셨으니, 세상에서 방황하던 이들이 다 ○○교회에서 쉼과 평안을 얻을 것을 믿습니다. 죄 가운데 빠져있는 이들이 죄 사함을 받고 구원을 얻는 구원의 방주가 되게 하시옵소서. ○○교회가 사람들로부터 비방거리가 되지 않게 하시고, 하나님의 뜻을 성취해 드리지 못하도록 하는 사탄의 유혹을 물리치게 하시옵소서.

↳ 이어서 사회와 국가, 교회의 상황에 하나님의 도우심을 구한다.

예배의 순서. 갈보리 십자가의 보혈로 ○○의 강단이 적셔지기를 소망합니다. 목사님을 세우셔서 하늘 양식의 말씀을 진설하게 하심에 감사합니다. 그 말씀으로 저희들은 생명의 풍성함에 이르게 하시옵소서.

성가대를 세우셔서 찬양을 드리게 하셨습니다. ○○성가대원들이 마음과 몸을 드려 찬양할 때, 하나님의 은혜를 체험하는 복된 자리로 인도해 주시옵소서.

많은 이들 가운데 예배를 위한 봉사자들이 순종함으로 섬기고 있으니 복된 봉사가 되게 하옵소서. 성령님의 질서와 말씀이 예배하는 중에 흥왕해지는 교회가 되도록 복 주시옵소서.

회중의 중보. 초대 교회의 성도들이 사도의 가르침을 받아 서로 교제하며, 떡을 떼며, 기도하기를 전혀 힘썼던 것처럼, 저희들도 교회에 모여 가르침을 받게 하시옵소서. 형제와 자매가 모이기를 기뻐하며, 서로 사귐을 갖게 하시옵소서. 교회 안에서 주님의 사랑을 베푸는 저희들의 교회가 되기 원합니다.

연약한 지체를 위함. 우리에게 가능성이 있음에도 불구하고, 아무 것도 할 수 없다는 근심에 갇혀 있음을 불쌍히 여겨 주시옵소서. 낙심이라는 호랑이의 덫에서 나오게 하시옵소서. 하나님께서 원하시면 주 안에서 무엇이든지 이룰 수 있다는 믿음을 갖게 해주시기를 빕니다. 승리하신 주님을 바라보게 하시옵소서.

결단의 간구. 하나님의 성실하심으로 큰 열매를 거두는 삶을 살게 해주셨습니다. 하나님의 열심 때문에 이루어진 일들이 많아 감사를 드립니다. 혹시, 아직까지 자신의 소망을 이루지 못한 경우가 있다면 낙심하지 말고, 도우시는 주님의 손길을 기대하게 하시옵소서.

예수님의 이름으로 기도드립니다. 아멘.

11월 3주, 20일, 추수감사절, 한 소설

시 50:23

감사로 제사를 드리는 자가 나를 영화롭게 하나니
그의 행위를 옳게 하는 자에게 내가 하나님의 구원을 보이리라

감사로 제사를 드림의 하나님,

감사와 찬양. 오늘, 추수감사예배로 하나님께 드릴 수 있도록 인도하심을 감사드립니다. 영과 진리로 예배할 때, 하늘의 문을 열어주시옵소서. 의롭다함의 은혜를 입은 자녀들이 아버지께 드리는 예배를 받으시며 하늘 아래에 있는 모든 세계에 주 하나님의 이름이 높이 받들어지게 하옵소서. 하나님의 이름을 높이는 예배의 한 시간이 되게 하시옵소서.

회개와 용서. ○○의 가족이 하나님의 나라가 이 땅에서 이루어지기 위한 삶을 사는데 부족하였음을 고백합니다. 이 나라에 하나님의 공의를 이루는 성도의 사명을 잊고 살았던 죄를 용서해 주시옵소서. 이제로부터 저희들은 현실에 안주하지 않겠습니다. 오직 공법을 물같이 정의를 하수같이 흘리는 삶을 사모하게 하시옵소서.

오늘의 간구. 추수감사절을 지키게 하시고, 너희는 감사하는 자가 되라고 하시니 주 예수님의 이름에 힘입어 하나님 아버지께 감사드립니다. 하나님의 은혜가 온누리에 풍성하여 저희들이 거둔 것이 많음에 기뻐합니다. 저희들은 심은 것은 지극히 적었으나 30 배,

혹은 60 배, 혹은 100 배로 결실하게 하셨으니 하나님의 사랑에 흥겨워합니다. 이제, 하나님 앞에서 감사하는 백성들에게 평강이 넘치게 하시옵소서.

나라와 사회. 이 나라를 구성하는 모든 이들에게 자신의 역할을 통해서 나라를 사랑하며, 백성을 섬기게 하시옵소서. 군인은 군인으로서, 경제인은 경제인으로서, 근로자는 근로자로서, 학생은 학생으로서 자신의 의무를 성실하게 감당하게 하옵소서. 이로써 대한민국이라는 국가가 평안에 이르게 될 줄로 믿습니다.

지교회 공동체. 여호와의 은혜로 시작한 한 해의 삶이 어느덧 다 지나고 저희들의 손에는 풍성한 수확물이 들려졌음에 감사드립니다. 땅은 기름지고, 골짜기마다 비가 내려 농부가 소산물의 즐거움을 누리듯이, 저희들에게도 거두게 하심에 따라 감사하는 무릎을 꿇었습니다. 추수감사절의 풍성함을 이웃들과도 나누게 하시옵소서.

↳ 이어서 사회와 국가, 교회의 상황에 하나님의 도우심을 구한다.

예배의 순서. 말씀을 준비하고, 강단에 서신 목사님께 기름을 부어 주시옵소서. 목사님께서 주님의 말씀을 선포하실 때, 능력으로 함께 하시옵소서. 생명의 말씀을 먹어야 하는 성도들은 그 메시지에 은혜를 받게 하시옵소서.
이 예배를 더욱 거룩하게 하시려고 성가대원들이 찬양을 마련하였습니다. 그들에게 기름을 부으시고, 그들의 입술과 성대를 주장해 주시옵소서. 성가대를 따라서, 저희들 모두 주님의 이름을 찬양하게 하시옵소서.

○○의 지체들 중에서 예배를 위한 봉사자들을 세워주셨습니다. 순종함으로 하나님께 영광을 드리고 있으니 복된 봉사가 되게 하시옵소서.

회중의 중보. 추수감사절에 하나님의 은총을 사모하는 지체들을 축복합니다. ○○ 교회와 이 거룩한 공동체에 속한 지체들이 한 해 동안의 생활 속에서 베풀어 주신 복을 누리게 하시옵소서. 때마다, 일마다 간섭하시고 가장 좋은 것으로 만족하게 하신 은혜로 감사의 삶을 살게 하시옵소서.

연약한 지체를 위함. 병든 자들을 치료해 주시는 은총이 ○○교회의 지체들에게 베풀어지기를 원합니다. 성령님의 은혜를 통해서 주님의 손이 저들의 몸에 대어지기를 소망합니다. 잠시 당하는 일을 통해서 합력하여 선을 이루시는 것을 보게 하시옵소서. 사랑하는 지체들에게 인생의 소망이 오직 하나님이심을 고백하게 하시옵소서.

결단의 간구. 금년에도 저희들은 하나님께서 거두도록 해 주신 것들이 많음에 감사드립니다. 그리고 성도들의 가정마다 선물로 주신 자녀들이 잘 자라게 하시고, 자녀들 때문에 행복하게 지내게 하셨음을 기뻐합니다. 감사함으로 찬양하는 축제를 원하는 저희들에게 감사의 기쁨을 경험하게 하시옵소서.

예수님의 이름으로 기도드립니다. 아멘.

11월 4주, 27일, 대림절 첫째 주일

눅 1:68-69

찬송하리로다 주 이스라엘의 하나님이여 그 백성을 돌보사 속량하시며
우리를 위하여 구원의 뿔을 그 종 다윗의 집에 일으키셨으니

그 백성을 돌보사 속량하신 하나님,

감사와 찬양. "오직 큰 능력과 편 팔로 너희를 애굽에서 인도하여 내신 여호와만 경외하여 그를 예배하며 그에게 제사를 드릴 것이며"라고 하셨습니다. 옳습니다. 이 시간에, 하나님께서는 예배를 받으시고, 저희들에게는 예배의 감격에 놀라게 하시기를 원합니다. 저희들의 찬송이 하늘에 닿기를 소망합니다. 하늘에 가득한 주님의 영광을 보게 하시옵소서.

회개와 용서. 자기 백성에게 베푸시는 은혜가 풍성하심에도 그 사랑에 민감하지 못하고, 아직 가지지 못한 것들에만 눈을 고정시켰던 죄를 고백합니다. 하나님께서 저희들에게 있어야 할 것을 아시고, 필요에 따라 넉넉하게 채워주시고, 부요하게 하셨음을 잊은 죄를 회개하니 용서해 주시옵소서. 주님의 보혈로 깨끗이 씻음을 받게 하시옵소서.

오늘의 간구. 오늘부터 대림절이 시작되는데, 예수님께서 아기 예수로 오셨음에 찬양을 드립니다. 하나님께서 약속하셨던 대로 메시야를 보내 주셨던 사실을 기억하게 하시옵소서. 약속을 성취하신

하나님께 찬양을 드립니다. 저희들의 심령에 성령의 충만함이 역사하여, 빛으로 오신 주님을 기억하는 대림절의 믿음을 나타내 보이게 하시옵소서.

나라와 사회. ○○교회가 세상을 섬기도록 하셨음에 감사드립니다. 어려움을 당하여 고통에 노출되어 있는 이들을 교회적으로 돌아보게 하시옵소서. 저희들이 좀 더 헌신해서 하나님의 사랑을 누려야 하는 이들에게 나누어 주게 하시옵소서. 교회에서 관리하는 사회봉사 사역에도 더욱 헌신하게 하시옵소서.

지교회 공동체. 하나님의 아들이 구세주로 오셨던 날을 기리며 예배합니다. 주 하나님의 나라가 빛으로 임하는 복된 날이 더욱 경건해지기를 원합니다. 하나님의 약속은 변함이 없으심에 찬송을 하며 영광을 드리게 하시옵소서. 주님의 오심으로 뜻이 하늘에서 이루어진 것처럼, 이 땅에서도 이루어졌음에 감사의 경배를 드리게 하시옵소서.

↳ 이어서 사회와 국가, 교회의 상황에 하나님의 도우심을 구한다.

예배의 순서. 하나님의 백성을 위해서 말씀을 주심을 감사합니다. 말씀을 전해주실 목사님께 영력을 더하여 주시옵소서. 저희들에게는 하나님의 말씀과 기도로 거룩하여짐을 누리는 말씀이 되게 하시옵소서.

오늘도 주님을 영화롭게 해드리는 ○○성가대를 세우셨으니, 사랑하는 지체들이 먼저 하나님께 영광으로 세워지게 하시옵소서. 성가대원들이 먼저 제물이 되어 드려지고, 회중에게는 큰 은혜가 있게 하시옵소서.

거룩한 한 시간의 예배를 위해 헌신된 일꾼들에게 은혜를 내려 주시옵소서. 그들의 섬김에서 여호와의 행사하심이 크게 보이고, 두려운 마음으로 봉사하게 하시옵소서.

회중의 중보. 대림절의 첫째 주일을 주신 은혜, 소망을 주시는 손길을 바라봅니다. 성탄절을 기다리는 저희들에게 여호와를 소망하게 하시옵소서. 죽음과 멸망의 어두움에 있던 인류에게 소망의 빛을 비추어주신 하나님을 바라보게 하시옵소서. 이 거룩한 시간에, 생명의 양식으로 오신 아기 예수님을 기뻐하게 하시옵소서.

연약한 지체를 위함. 이 시간에. 온 마음과 정성으로 예배하게 하시고 육신의 병으로 고통을 당하는 성도에게 건강과 힘을 주시기를 원합니다. 믿음이 부족한 성도에게는 굳세고 담대한 믿음을 주시기를 원합니다. 저희들을 향한 주님의 뜻이 무엇인지 분별하게 하시고 무슨 일을 하든지 말씀의 인도와 기준에 따라 행하게 하시옵소서.

결단의 간구. 주님께서 승천하시면서, 이 땅의 사람들에게 맡기신 선교의 사명을 사랑하는 저희들이 되기 원합니다. ○○의 성도들은 삶의 자리에서 누구에게든 복음을 전하는 자가 되게 하시옵소서. 복음이 땅 끝까지 전해지기를 원하시는 주님의 뜻을 깨닫게 하시옵소서. 천하보다도 귀한 생명을 구원하는 일에 헌신하는 저희들로 삼아 주시옵소서.

예수님의 이름으로 기도드립니다. 아멘

12월 1주, 4일, 무역의날

시 5:7

오직 나는 주의 풍성한 사랑을 힘입어 주의 집에 들어가 주를 경외함으로 성전을 향하여 예배하리이다

주를 경외하게 하시는 하나님,

감사와 찬양. "또 모든 열방들아 주를 찬양하며 모든 백성들아 그를 찬송하라 하였으며." 아멘(롬 15:11) ○○ 교회를 세우시고, 하나님의 자녀들을 불러 모아 주셨으니 감사드립니다. 여기에 모인 지체들이 우리 하나님의 성호를 자랑하게 하시옵소서. 이 시간에, 예배하면서 여호와를 구할 때, 저희들의 마음을 즐겁게 하시옵소서. 여호와 하나님을 노래하며, 구원에 감사하게 하시옵소서.

회개와 용서. 재물에 붙잡혀서 노예로 지내던 저희들에게 자유를 주셨음을 감사합니다. 인간의 더러운 욕심에 자신을 내어주지 않도록 불쌍히 여겨 주시옵소서. 성령님의 자유하게 하시는 능력으로 죄를 거절하게 하시옵소서. 재물을 비롯해서 그 어떤 것에도 노예가 되지 않고, 영원한 자유인으로 그렇게 살아갈 수 있도록 도와주시옵소서.

오늘의 간구. 겨울이 깊어져 가고, 이제 저희들은 겨울을 지낼 준비를 해야 합니다. 겨울의 식품을 준비하기 위한 김장도 해야 합니다. 사랑하는 ○○의 지체들이 겨우살이의 준비에 하나님의 도우심을 구합니다. 이미 하나님께서 준비해주고 계심을 믿습니다. 저희들에게 소용되는 것들을 넉넉하게 해주시옵소서. 한 지체라도 어려움 때문에 낙심하지 않도록 붙들어 주시옵소서.

나라와 사회. 저희들 인생에게 살아가도록 환경을 주신 하나님께 영광을 드리게 하시옵소서. 이 나라, 대한민국에서 누리는 환경이 곧 하나님을 찬양함이 되게 하시옵소서. 환경을 생각하면서 하나님께로 돌아가는 경험을 누리게 하시옵소서. 자신을 위해서 환경을 이용하려 했던 교만에서 돌이켜, 환경의 주인이 되신 하나님께 감사하면서 환경을 다스리려는 각오를 주시옵소서.

지교회 공동체. 이미 오신 예수님의 생일을 축하하면서 또 다시 오실 예수님을 기다리는 저희들이 되도록 이끌어 주심을 믿습니다. 메시야의 약속이 이루어지던 날, 하나님의 아들은 초라하게 오셨지만 다시 오시는 예수님께서는 하나님의 영광 가운데 오시리라 믿습니다.

↳ 이어서 사회와 국가, 교회의 상황에 하나님의 도우심을 구한다.

예배의 순서. 오늘도 하나님의 말씀을 받게 하시니 감사합니다. 말씀을 준비하신 목사님께 기름을 부어 주시옵소서. 그 말씀을 누림으로 저희들 모두는 생명과 진리로 흥왕함을 보게 하시옵소서. 저희들에게 생명의 양식으로 배부르게 하시고, 진리 위에 세워 주시옵소서.
예배를 위하여 ○○성가대원들을 준비시키셨음에 감사드립니다. 하나님 앞에서 찬송을 맡은 이들이 벅찬 감격으로 찬양을 부르게 하시고, 저희들은 예배하려는 마음이 더욱 간절해지게 하시옵소서.

이 시간에도 한 시간의 예배를 위해 여러 모양으로 봉사하여 수종을 드는 종들에게 복을 내려 주시옵소서. 그들이 기쁜 마음으로 어떤 수고도 감당하게 해주시옵소서.

회중의 중보. 오래 전에 오신 아기 예수님의 나심을 기억하는 대림절을 맞이합니다. 우리를 죄로부터 구원해 주시려고 하나님께서 사람이 되셨음에 감사드립니다. 주님의 세상에 오심은 우리의 상처를 싸매어 주심이었고, 죄인을 의인으로 새로워지게 하심이셨습니다. 이 성전에서 감사와 찬양을 통해 주님을 바라보게 하시옵소서.

연약한 지체를 위함. 저희들의 마음을 안타깝게 하는 환자들을 위하여 간구합니다. 질병에 걸려서 고통 중에 있는 지체들과 노환으로 힘든 시간을 보내고 있는 어르신들에게 치유의 은혜를 내려 주시옵소서. 성령님께서 그들 각 사람을 어루만져 주시고, 아픔을 고쳐 주시옵소서.

결단의 간구. 성탄절을 맞이하면서 다시 오실 예수님을 기다리기를 원합니다. 다시 오시는 예수님께서는 하나님의 영광 가운데 오시리라 믿습니다. 주님께서 다시 오실 때, 죽은 자와 산 자에 대한 심판이 있을 것을 믿습니다. 그날에, 저희들은 영원한 생명으로 다시 살아나게 하시옵소서.

예수님의 이름으로 기도드립니다. 아멘.

12월 2주, 11일, 성서주일

시 119:152

내가 전부터 주의 증거들을 알고 있었으므로
주께서 영원히 세우신 것인 줄을 알았나이다

주의 증거들을 알게 하시는 하나님,

감사와 찬양. "아버지께 참되게 예배하는 자들은 영과 진리로 예배할 때가 오나니"라고 하셨습니다. 여기에 모인 이들을 거룩하게 하시옵소서. 여호와 앞에서 잠잠하여 주님의 이름을 높여드리게 하시옵소서. 하나님께서 거룩하게 하신 이 날을 저희들도 거룩하게 지키기 원합니다. 그리하여 마음을 다하고, 뜻을 다하여 예배하기를 원합니다.

회개와 용서. 하나님의 나라가 이 땅에서 이루어지기 위한 삶을 사는데 부족하였음을 고백합니다. 이 나라에 하나님의 공의를 이루는 성도의 사명을 잊고 살았던 죄를 용서해 주시옵소서. 현실에 안주하지 않겠습니다. 오직 공법을 물같이 정의를 하수같이 흘리는 삶을 사모하게 하시옵소서.

오늘의 간구. 성서주일을 맞이하여 말씀을 통해서 생명의 빛으로 들어가게 하신 하나님께 찬양으로 영광을 드리게 하시옵소서. 복음이 책에 담겨져서 그것으로 저희들은 구원에 이르렀습니다. 우리의 말로 된 성경의 번역과 반포를 통해서 한국사회의 개화와 한국

교회의 부흥이 있도록 하신 하나님을 찬미합니다. 저희들은 심령을 새롭게 하여 대한성서공회의 사역에 참여, 헌신하겠다는 결단을 하게 하시옵소서.

나라와 사회. 위정자들을 위하여 간구합니다. 위정자들의 수고를 통해서 국민들은 행복해지고, 나라는 발전되기를 소망합니다. 그들에게 국가와 국민을 하나님 앞에서 생각하게 하시고, 자신의 이익과 행복보다는 국민들을 위한 봉사자로 정치에 임하게 하시기를 원합니다.

지교회 공동체. 저희들이 이 자리에 있음은 성경 때문이라고 깨닫습니다. 성경을 가까이 하여 읽고, 묵상하는 중에 믿음을 갖게 하셨습니다. 성경을 보급하는 일에 헌신하게 하심으로써 불신자들에게 성경을 나누어 주는 일에 동참하게 하시옵소서. 성경책 한 권을 전하여 주님을 그들에게 선물하게 하시옵소서.

↳ 이어서 사회와 국가, 교회의 상황에 하나님의 도우심을 구한다.

예배의 순서. 오늘도 진리의 말씀으로 저희들의 심령을 새롭게 하시옵소서. 말씀을 전하시는 목사님께 말씀의 권세와 영감으로 역사하시옵소서. 진리의 말씀에 갈급한 심령으로 나아온 저희들이 온전히 채움을 받는 시간이 되게 해주시옵소서.

오늘, 하나님께 구별된 성가대원들을 세워주셨습니다. 사랑하는 ○○성가대원들이 하나님의 영광을 찬양하게 하시옵소서. 준비한 찬양으로 말미암아 이 자리를 하나님의 영광으로 가득하게 하시옵소서.

예배를 위하여 봉사하는 이들의 심정이 주께 드림이 되게 하시옵소서. 그들의 섬김으로 인해서 온 교회가 영과 진리로 예배하게 하시옵소서.

회중의 중보. 오늘, 저희들은 성경의 반포사업을 위해 특별히 헌금을 마련했습니다. 이 작은 헌신으로, 한 부족의 성경이 더 만들어지기 원합니다. 말은 있으나, 글이 없는 이들을 위해, 글을 만들고 성경을 번역하는 이들에게도 지혜를 더하셔서 어서 빨리 성경이 전해지게 하시옵소서. 그리하여 말씀으로 생명을 얻은 이들이 많아지게 하시옵소서.

연약한 지체를 위함. 지나온 시간에, 하나님은 참으로 좋으신 아버지가 되어 주셨습니다. 주님의 넘치는 자비로우심으로 저희들은 살아왔습니다. 저희에게 베풀어주신 그 모든 은혜를 생각할 때, 끝이 없는 감사를 드립니다. 때를 따라 돕는 은혜로 도우시며, 저희들의 삶이 물댄 동산과 같이 모자람이 조금도 없게 하셨으니 감사드립니다. 감사의 계절에, 은혜로 받은 모든 것들을 헤아려 보게 하시옵소서.

결단의 간구. 아직도 사탄은 성도를 넘어뜨리려고 온갖 것을 동원하여 몸부림치고 있습니다. 저희들의 심령을 성령님으로 채워주시옵소서. 하나님을 바라고 섬기도록 하시옵소서. 십자가 신앙으로 강하게 무장함으로써 마귀의 궤계를 능히 물리칠 수 있도록 하여 주시옵소서. 이 시대를 정복하는 십자가의 군병이 되게 하시옵소서.

예수님의 이름으로 기도드립니다. 아멘.

12월 3주, 18일, 대림절 넷째 주일, (목) 동지

마 1:21

아들을 낳으리니 이름을 예수라 하라
이는 그가 자기 백성을 그들의 죄에서 구원할 자이심이라 하니라

죄에서 구원할 자를 약속하신 하나님,

감사와 찬양. 성탄의 절기를 주셨습니다. 저희를 사랑하신 하나님께서 이 땅에 예수님을 보내 주셨습니다. 하나님이신 예수님의 오심으로 아버지의 사랑이 저희에게 나타난 것을 즐거워하게 하시옵소서. 아기 예수님의 나심으로, 인류를 구원하시려는 하나님의 뜻이 이루어졌음에 영광을 찬미하게 하시옵소서.

회개와 용서. 거룩하고, 참되지 못한 저희들의 마음을 주님 앞에 내어놓습니다. 주님의 아름다우심으로 그것을 깨끗하게 해주시옵소서. 이기심으로 얼룩진 저희들의 마음을 아버지께 올려 드립니다. 주님의 긍휼로 이기심을 씻어내어 주시옵소서. 주님의 뜻대로 산다하면서 그렇게 살지 못한 저희들입니다. 십자가의 보혈로 저희들을 새롭게 해주시옵소서.

오늘의 간구. 성탄의 메시지를 받고 주님을 경배했던 처음 성탄절의 은혜를 저희들도 누리게 하시옵소서. 이미 오신 예수님을 기뻐하고, 주님께 합당한 경배를 드리게 하시옵소서. 최고의 것, 최대의 것으로 예물을 준비하면서 성탄절을 기다리기를 원합니다.

나라와 사회. 사회가 급변하는 이 시대에 소외되어 가는 이웃은 오히려 더 많아지고 있습니다. 이에, ○○교회는 섬김과 나눔의 영성을 갖고 사회봉사를 실천해 나가도록 하옵소서. 저희들에게 지역사회를 열린 눈으로 바라보며 구체적이고 적절한 봉사를 실천하는 은혜를 누리게 하시옵소서.

지교회 공동체. ○○의 공동체는 죄인을 구원하시려고 구주를 보내주신 하나님의 사랑에 감격하기를 원합니다. 저희들에게 주님이 주시는 소망의 기쁨으로 주님께서 원하시는 길을 걷도록 축복해 주시기를 간구합니다. 한 심령, 한 심령에 산 소망을 허락하여 주시옵소서. 새로운 힘으로 세상을 이기게 하시옵소서.

↳ 이어서 사회와 국가, 교회의 상황에 하나님의 도우심을 구한다.

예배의 순서. 저희들 모두가 강단을 바라보고 있으니, 생명의 꼴을 먹여 주시옵소서. 말씀을 대언하실 목사님께서 생명과 진리의 말씀을 선포하게 하옵소서. 강단에서 흘러나온 말씀이 저희들에게 생수가 되게 하옵소서.

오늘, 하나님을 영화롭게 해드리려는 ○○성가대의 귀한 지체들의 찬양을 받아주시옵소서. 하나님의 영광이 예배당 안에 가득하게 하시고, 저희들은 그 은혜로 하나님께 더욱 가까이 나아가도록 하시옵소서.

지금, 예배하는 동안에 예배당의 안팎에서 봉사하는 종들이 있음에 감사드립니다. 귀한 지체들의 섬김으로 예배를 아름답게 하시니 종들이 은총을 입게 하옵소서.

회중의 중보. 존귀한 지체들에게 충성의 비전을 주시고, 교회를 성장하게 하시는 성령님을 봅니다. 성령님의 기사와 표적이 나타나 충성하는 공동체로 만들어 주시옵소서. 성령님의 능력으로 말미암아 하나님의 교회가 흥왕케 하여 주시옵소서. 기사와 표적을 동반한 능력 전도, 능력 목회로 교회가 부흥되는 은혜를 보여 주시옵소서.

연약한 지체를 위함. 하나님께서 예배를 받으실 때, 그 응답으로 ○○의 가족들에게 치료의 은혜를 주시옵소서. 우리가 이 땅에 살면서 알지 못하는 순간에 연약함, 질병, 고통 등을 당할 수 있으나 주님의 은총으로 나음을 믿습니다. 구원은 오직 주님께 있으니, 사탄의 참소로 말미암았다면 주님의 십자가로 물리쳐 주시옵소서.

결단의 간구. 하나님의 거룩하심을 입은 자녀들은 성탄의 은혜를 누리며 구원의 복락을 즐거워하게 하시옵소서. 성탄으로 인하여 베풀어주신 은혜와 사랑에 종일 감격하게 하시옵소서. 저희들에게 영안이 뜨여 베들레헴의 별을 보고 성령님의 감화로 생각을 깨끗하게 하여 예배하게 하시옵소서.

　　　　　　　　예수님의 이름으로 기도드립니다. 아멘.

12월 4주, 25일, 성탄절, 송년주일

눅 2:10

천사가 이르되 무서워하지 말라 보라 내가 온 백성에게
미칠 큰 기쁨의 좋은 소식을 너희에게 전하노라

큰 기쁨의 소식을 주신 하나님,

감사와 찬양. 금년의 마지막 주일에, 여호와의 이름을 높여 드립니다. 일 년을 하루 같이 날마다 사랑하여 주시고, 하늘의 양식으로 살아오게 하셨으니, 감사로 예배하게 하시옵소서. 우리가 크게 기뻐하여 영광을 돌리게 하시옵소서. 예배할 때, 성령님의 충만하심을 받게 하시옵소서. 성삼위 하나님께 영광과 존귀를 세세토록 드리게 하시옵소서.

회개와 용서. 하나님의 자녀가 되게 하시고, 하늘나라를 바라보게 하셨으나, 여전히 땅의 것을 구하며 지냈던 지난 시간을 회개합니다. 땅의 것에 집착해서 저희들의 소망이 되신 주님을 붙잡는 데는 무관심한 죄인들이었습니다. 천국 백성이 된 삶의 원리에 따라 서로 돌아보아 사랑과 선행을 격려하지 못한 죄를 용서해 주시옵소서.

오늘의 간구. 신실하게 베풀어주셨던 은혜로 다사다난했던 한 해의 마지막 날을 보내고 있습니다. 금년 한 해를 살아오는 동안에 주님의 말씀이 저희들을 새롭게 하셨으니, 이 진리에서 떠나지 않게 하시옵소서. 저희들은 말씀에 순종하여 무슨 일을 하든지 말씀의 인도와 기준에 따라 행하게 하시옵소서.

나라와 사회. 저희 교회가 영혼을 구원하는 일에 열심을 품게 하셨음에 감사드립니다. 이미 저희들에게 불신자들을 불쌍히 여기는 마음을 주셨으니, 복음을 전하는데 부지런하게 하옵소서. 저희에게 여러 가지의 전도 프로그램도 실시하게 하셨으니, 한 영혼이라도 더 구원해내는 교회가 되게 하시옵소서. 이 일에 우리 동네의 땅 끝까지라도 가게 하시옵소서.

지교회 공동체. ○○의 성도들, 금년의 삶을 보내고, 새해를 맞이하려 합니다. 온갖 미혹된 말들이 넘쳐나는 세상에서 저희들에게 복음을 외치는 삶을 다짐하게 하시옵소서. 지금도 저희들의 귀에 세상의 타락으로 말미암은 신음, 죽음의 소리가 들려옵니다. 이들을 위해 기도하고, 복음을 전하는 용감한 저희들이 되게 하시옵소서.

↳ 이어서 사회와 국가, 교회의 상황에 하나님의 도우심을 구한다.

예배의 순서. 하나님의 말씀을 목이 마른 사슴과 같이 사모하게 하시옵소서. 목사님께 영력을 더하셔서 말씀을 선포하실 때, 권능이 있는 강단으로 이끌어 주시옵소서.
찬양을 받으시는 하나님이십니다. 노래하는 자로 부름을 받은 지체들에게 드림의 시간이 되게 하시옵소서. ○○의 회중에게는 아멘으로 화답하게 하시옵소서.
예배의 순서를 위해서 헌신된 종들에게 은혜를 더하여 주시옵소서. 저들이 성령님의 감동하심에 따라 섬기게 하시옵소서. 이로써 예배의 모든 순서가 아버지 하나님을 바르게 경배하는 것이 되게 하시옵소서.

회중의 중보. 성도들이 모두 기뻐하며, 성령님이 감동하심으로 가슴이 벅차기를 소망합니다. 금년 365일을 날마다 복된 날이 되게 하시고, 그 얼굴로 말미암은 은혜를 베푸셨으니, 그 은혜에 진심으로 머리를 숙여 예배하게 하시옵소서. 한 해 동안에 누렸던 은혜에 감사하게 하시옵소서. 시간과 날을 주사 복 되게 하셨음에 경배를 드리게 하시옵소서.

연약한 지체를 위함. 교회에 모인 심령들이 십자가의 예수 그리스도를 만나게 하시고, 가슴을 찢는 회심과 그리스도의 피조물로 그 십자가의 감격을 머리가 아닌 가슴으로 체험하는 영적 부흥이 있게 하시옵소서. 그러므로 저희가 하나님의 영광의 빛 가운데 거하게 하시고, 저희의 삶이 제사로 드려지는 역사가 일어나게 하여 주시옵소서.

결단의 간구. 금년의 삶을 보내고, 새 해를 맞이하려 합니다. 온갖 미혹된 말들이 넘쳐나는 세상에서 저희들에게 복음을 외치는 삶을 다짐하게 하시옵소서. 지금도 저희들의 귀에 세상의 타락으로 말미암은 신음, 죽음의 소리가 들려옵니다. 이들을 위해 기도하고, 복음을 전하는 용감한 저희들이 되게 하시옵소서.

예수님의 이름으로 기도드립니다. 아멘.

2023
1

(2023) 1월 1주, 1일, 신년 주일, 목 소한

시 47:8

하나님이 뭇 백성을 다스리시며
하나님이 그의 거룩한 보좌에 앉으셨도다

거룩한 보좌에 앉으신 하나님,

감사와 찬양. "우리가 그의 계신 곳으로 들어가서 그의 발등상 앞에서 엎드려 예배하리로다." 아멘(시 132:7) 새해 첫 주일에 모인 ○○의 권속이 우리의 주 여호와께 영광을 드립니다. 하나님의 그 크신 손 안에 있는 온 땅이 주님의 이름을 드러내기 원합니다. 지체들이 예배할 때, ○○교회에 하나님의 영화가 가득하게 하시옵소서.

회개와 용서. 하나님은 예배하는 저희들에게 사랑이십니다. 주님 앞에서 겸손하게 사랑의 응답을 바치도록 해 주시옵소서. 매일의 삶의 현장에서 하나님을 모시지 않았던 교만함을 용서해 주시옵소서. 하나님을 생각하면 도리어 불편했던 저희들이었습니다. 죄의 습관을 버리지 못하고, 그 익숙함에 또 다시 죄를 지음을 용서해 주시옵소서.

오늘의 간구. ○○의 지체에게 새해의 삶을 시작하도록 하시니 감사합니다. 새 날을 맞으면서 성결의 은혜를 입게 하시옵소서. 스스로 하나님이 기뻐하시는 성결의 삶을 살아서 요단을 건너 가나안의

복된 삶을 살아가는 은혜를 내려 주시옵소서. 하나님께서 복의 시간을 주셨으니 거룩하게 준비하게 하시옵소서.

나라와 사회. 우리나라의 다양한 사람들, 여러 가지의 일들에서 이 나라를 지켜주시는 하나님을 기뻐합니다. 하나님께서 의로우신 것처럼, 사회를 이루는 모든 이들이 의롭게 살아가기를 소망하게 하시옵소서. 공법을 물 같이 정의를 하수 같이 흐르게 하는 비전의 사회를 이루게 하시옵소서. 영적으로 복을 누리는 나라로 삼아주시옵소서.

지교회 공동체. 예배로 시작한 한 해의 삶을 예배로 이어가는 ○○의 성도로 삼아 주시옵소서. 올해에도 하나님께서는 우리를 인도해 주심을 믿습니다. 매일, 매일 여호와를 의지하는 중에, 인도하심 속에서 살아가게 하시옵소서. 저희들이 갈 길을 미리 아시고, 하나하나 성취시켜 나가시는 여호와를 소망하게 하시옵소서.

↳ 이어서 사회와 국가, 교회의 상황에 하나님의 도우심을 구한다.

예배의 순서. 목사님께서 선포하시는 설교를 진리의 빛과 은총의 향기로 가득 채워주시옵소서. 저희들 모두에게 들을 귀를 열어 주셔서 그 말씀이 저희들에게 마음에 찔림이 되게 하시며, 삶의 지도가 되기를 빕니다. ○○의 권속은 새로워지는 결단을 하게 하시옵소서

오늘도 아름다운 찬양을 준비한 성가대원들에게 성령님으로 더욱 충만하게 하시옵소서. 그들의 찬양이 하나님께 영광을 드리고, 저희들에게도 은혜가 되기를 빕니다.

예배의 한 시간을 위해서 구별된 종들에게 성령님으로 충만하게

하시옵소서. 그들의 봉사와 수고가 일이 아니라 하나님께 제물이 되어 올려드림이 되게 하시옵소서.

회중의 중보. 날을 지으시는 권능으로 새해의 삶을 살게 하셨으니, 금년에도 때를 따라 돕는 은혜가 저희들을 만족하게 하심을 믿습니다. 하나님께서 저희를 사랑하사 새날을 주셨으니, 작년의 실패했던 시간들에 매이지 않고, 위로부터 베풀어지는 복을 얻기 위하여 은혜의 보좌로 나아가게 하시옵소서. 저희들에게 주님을 푯대로 삼아 하나님의 기뻐하시고 온전하신 뜻이 무엇인지를 실천하게 하시옵소서.

연약한 지체를 위함. 지금, 환자들을 위해서 간구합니다. 몸이 늙어서 병들어 집이나 병원에서 홀로 있는 이들이 있으니 도와주시옵소서. 회복하게 하시는 여호와의 만져주심으로 구원해 주시옵소서. 병든 이들에게는 싸매어주시는 은혜로 병상에서 일어나게 해 주시기를 원합니다.

결단의 간구. 주님의 피로 값을 주고 사신 교회를 위하여 기도합니다. 금년 일 년 동안에는 빛과 소금의 사명을 감당하겠다고 결단을 드리게 하시옵소서. 지체들 한 사람, 한 사람이 하나님 앞에서 성도의 사명에 헌신하게 하시옵소서. 오늘에 감사로 저희들은 새해의 시간을 맞이했습니다. 새 날에는 더욱 충성하기를 결단하게 하시옵소서.

예수님의 이름으로 기도드립니다. 아멘

1월 2주, 8일

계 15:4(상)

주여 누가 주의 이름을 두려워하지 아니하며
영화롭게 하지 아니하오리이까 오직 주만 거룩하시니이다

주의 이름을 영화롭게 하라 하시는 하나님,

감사와 찬양. 하나님 앞에서 존귀한 ○○의 지체들, "오라 우리가 여호와께로 돌아가자" 하여 이렇게 나왔습니다. 돌이켜보니, 지난날 하나님을 잊고 지내던 저희들이었습니다. 이 시간에, 예배하면서 우리를 찢으셨으나 도로 낫게 하실 것이요 우리를 치셨으나 싸매어 주실 하나님을 경험하게 하시옵소서.

회개와 용서. 이 나라에 하나님의 뜻이 이루어지기를 소망하면서도 기도에 부족했음을 고백합니다. 나라의 지도자들을 위해 기도로 돕지 못했음을 용서해 주시옵소서. 나라의 지도자들을 위한 영적 책임으로 기도하겠습니다. 권세는 하나님께로 나지 않음이 없음을 기억하게 하시옵소서. 하나님 앞에서 겸손하게 국민의 한 사람으로 지내지 못했음을 용서하시옵소서.

오늘의 간구. 이 시간에, 저희들의 삶을 고달프게 하는 짐을 주님께 맡겨 버리게 하시옵소서. 주님의 십자가를 바라볼 때, 저희를 붙들어 주심을 경험하게 하시옵소서. 의인의 요동함을 영영히 허락지 아니하시는 주님께로 나아가게 하시옵소서.

나라와 사회. 오늘, 예배하면서 하나님의 마음으로 사회를 섬기기를 결단하게 하시옵소서. 사회가 급변하는 이 시대에 소외되어 가는 이웃은 오히려 더 많아지고 있습니다. 하나님의 사랑과 인자하심을 전하는 일에 헌신하는 교회가 되게 하시옵소서. 소외되고 고통을 받는 이웃을 위한 자원봉사에 적극적으로 나서는 ○○ 교회로 이끌어 주시옵소서.

지교회 공동체. 주님의 몸 된 교회가 고통을 당하는 이웃을 위하여 더욱 기도하게 하시고, 주님만이 길이요 진리요 생명 되심을 증거 할 수 있도록 은총을 더하여 주시옵소서. 말씀과 진리 안에서 날마다 성장하게 하시며, 사랑과 수고와 인내로써 소망을 이루어 가는 일들이 교회 안에 넘치게 하여 주시옵소서. 이로써 하나님을 영화롭게 해드리며 살아가는 저희들로 삼아 주시옵소서.

↳ 이어서 사회와 국가, 교회의 상황에 하나님의 도우심을 구한다.

예배의 순서. 목사님께서 진리의 말씀을 대언하실 때, 하나님의 음성을 듣게 하시옵소서. 그 말씀의 반석 위에 신앙의 집을 짓는 권속들이 되게 하시옵소서. 저희들의 심령이 주님을 향하여 열려지게 하시옵소서.

성가대원 한 사람, 한 사람을 거룩하게 하시며, 그들의 심령을 성령으로 충만하게 하시옵소서. 찬양을 준비하면서 드린 그들의 정성을 받으시고, 이 자리에는 영광을 선포해 주시옵소서.

오늘도 여러 종들을 세우셔서 예배를 봉사하게 하셨으니 성령님의 은혜를 통해서 감당하게 하시옵소서. 성도의 교제를 위하여 주방에서 봉사하는 이들의 수고도 받아 주시옵소서.

회중의 중보. ○○교회에 부흥의 복을 주신 여호와의 이름을 찬양합니다. 성령님께서 우리 교회에 충만히 임하셔서 부흥의 주체가 되어 주시기를 원합니다. 성령님께서 바라시는 대로, 성령님께서 기뻐하시는 공동체로 부흥되게 하시옵소서. ○○의 지체는 오직 성령님의 인도하심에 따라 주님의 몸을 이루어가게 하시옵소서. 이름으로만 크리스천이 아닌, 주님의 제자로 살아드리는 저희들이 되게 하시옵소서.

연약한 지체를 위함. 겨울의 추위가 매서워 저희들이 지내기 힘들게 합니다. 이 추위에 육체적으로 연약한 지체들과 어르신들의 건강을 보호해주시옵소서. 저희들의 주변에는 가정에서의 재정이 넉넉하게 마련되지 않아서 난방을 제대로 못하는 가정들도 있습니다. 그들을 불쌍히 여겨주시옵소서. 이 추위를 잘 견디어 이겨내도록 도와주시옵소서.

결단의 간구. 하나님 앞에서 내려놓음을 경험하게 해주시옵소서. 그런 다음에, 저희들에게 사도의 일을 허락하시고 그것을 감당 할 수 있도록 새 힘을 내려 주시옵소서. 자기 백성을 인도하시는 주님의 길이 진리와 생명의 길임을 고백하고 확신합니다. ○○의 교우들에게 주신 사명을 잘 감당할 수 있도록 인도해주시옵소서.

예수님의 이름으로 기도드립니다. 아멘.

1월 3주, 15일, 금 대한

렘 17:14

여호와여 주는 나의 찬송이시오니 나를 고치소서 그리하시면 내가 낫겠나이다 나를 구원하소서 그리하시면 내가 구원을 얻으리이다

고치시며 구원하시는 하나님,

감사와 찬양. 사랑하는 ○○의 권속들, 지난 한 주간 동안에, 자신들의 처소에서 하나님의 사랑과 보호를 받아왔습니다. 이 시간에, 예배의 장소로 정해주신 교회에 모인 저희들에게 경배를 드리게 하시옵소서. 생명을 지으신 여호와께 무릎을 꿇는 예배를 드리려 합니다. 참 좋으신 하나님, 그 이름에 맞도록 영광의 주인으로 저희들에게 계시옵소서.

회개와 용서. 하늘에 소망을 두지 않고, 하나님이 없는 이들과 똑같이 생각하고 행동해왔던 지난 시간을 회개합니다. 주님의 영광을 나타내어야 하는 성도의 행실을 거절하고 여호와의 이름이 조롱거리가 되게 하였음을 자복합니다. 죄를 자복하는 저희들이 사유하심의 은혜를 받게 해주시옵소서.

오늘의 간구. 며칠 있으면 우리 민족의 명절인 설을 맞이합니다. 하나님 앞에서 설을 맞이하게 해주시옵소서. 저희들은 주님의 피로 새 사람이 되었으니, 설의 명절에 옛 사람으로 돌아가지 않도록 지켜 주시옵소서. 전에, 죄에게 종노릇을 하던 때 일삼았던 일들을

거절하게 하시며, 주님 앞에서 자신을 깨끗하게 하도록 은혜를 더하시옵소서.

나라와 사회. 이 땅의 국민이 주님께서 주신 나라에서 지체된 자로서의 역할을 성실하게 감당하기를 소망합니다. 자신의 의무를 아는 사람들이 애국하는 사람들임을 믿습니다. 자신의 자리를 지키는 이들은 언제 어디서나 유용하고 쓸모 있는 사람들이며 이웃에게 기쁨을 주는 사람들임을 믿습니다. 이런 이들이 많이 나오게 하시옵소서.

지교회 공동체. 저희들에게 충성의 비전을 주시고, 소망하게 하셨으니 성령님의 역사를 보여 주시옵소서. 성도들이 주님의 이름으로 교회에 모일 때마다 충성하는 은혜를 보게 하사, 교회가 선한 일에 열매를 맺는 기쁨을 주시옵소서. 교회를 반대하고, 저희들을 핍박하던 무지몽매했던 이들도 주님께로 돌아와 천국의 백성이 되게 하시옵소서.

↳이어서 사회와 국가, 교회의 상황에 하나님의 도우심을 구한다.

예배의 순서. 잃어버린 자들을 찾으시는 말씀을 듣게 하심을 즐거워합니다. 목사님의 설교를 진리의 빛과 은총의 향기로 가득 채워주시옵소서. 그 말씀을 받는 저희들에게는 역사하는 말씀이 되게 하시옵소서.

성가대원들을 세워주셨으니 그들에게 거룩함의 기름을 부어주시옵소서. 찬양을 드리기 전에, 대원들이 먼저 하나님께 영광이 되며, 찬양으로 주님의 이름이 선포되게 하시옵소서.

예배의 한 시간을 위해서 구별된 종들에게 성령님으로 충만하게 하시옵소서. 사랑하는 지체들이 자기들의 모든 것을 드리게 하시옵소서.

회중의 중보. 저희들에게 삶의 장소로 주신 세상에서 빛이 되며, 소금이 되게 하시옵소서. 저희들이 함께 살아가고 있는 세상의 사람들을 주목하게 하시옵소서. 그들의 삶에 유익과 도움이 될 수 있는 나눔의 삶이 되게 하시옵소서. 저희들의 수고스러운 행실이 착한 열매가 되어 하나님 나라 확장에 쓰임을 받게 하시옵소서.

연약한 지체를 위함. 저희들은 다 하나님의 사랑에 풍성해야 되지만, 그 은총을 기다리는 이들이 있으니, 병든 이들을 고쳐 주시옵소서. 그들의 생명을 위험한 지경에서 건지시는 하나님의 은혜를 소망합니다. 사랑하는 환우들에게 찾아가 위로하여 주시옵소서. 그들이 지금, 이 시간에 교회를 얼마나 그리워하겠습니까? 어서 속히 저희들과 한 자리에 앉아 주님의 이름을 찬송하게 하시옵소서.

결단의 간구. 저희들이 예수님을 더 깊이 알고 체험하기 위하여 구원의 길이 된 주님의 십자가를 주목하게 하시옵소서. 성령님께서 십자가의 은혜를 통하여 생명의 진리를 우리에게 계시해 주실 줄로 믿습니다. 예수님의 죽으심이 죄인이었던 우리를 위한 대속의 죽음이셨음을 확신하게 하시옵소서. 십자가의 보혈만이 저희들에게 능력이 됨을 고백하게 하시옵소서.

예수님의 이름으로 기도드립니다. 아멘.

1월 4주, 22일, 설날

시 118:28

주는 나의 하나님이시라 내가 주께 감사하리이다
주는 나의 하나님이시라 내가 주를 높이리이다

감사하며 높이게 하시는 하나님,

감사와 찬양. "주는 나의 하나님이시라 내가 주께 감사하리이다 주는 나의 하나님이시라 내가 주를 높이리이다."(시 118:28)라고 고백하게 하시니 감사합니다. 주님의 기사와 이적으로 풍성케 하셨음에 찬송을 드립니다. 오직 마음을 다 드리는 지금, 감사로 제사하는 저희들이 되어 여호와의 영광을 인정하게 하시옵소서. 하나님의 이름을 높이고, 세세무궁토록 영광을 바치는 한 시간으로 삼게 하시옵소서.

회개와 용서. 주님의 저희들을 향한 은혜는 한 순간도 놓치심이 없는데, 저희들은 주님을 잊고 지낼 때가 많았음을 회개합니다. 입술로는 위엣 것을 바라보자 하면서, 땅에 것들에 마음을 두고 지낸 위선의 죄를 용서해 주시옵소서. 더욱이 이 땅을 저희들의 조국으로 주셨지만 내 동포들에게 천국을 전하는데 소홀하였음을 용서해 주시옵소서.

오늘의 간구. 저희들을 향하신 하나님의 뜻이 거룩함이라 하셨으나, 아직도 옛 사람의 더러운 일들을 버리지 못하고 있음을 고백합니다. 설날 명절을 지키면서 비록 연약하고, 보잘 것이 없을지라도, 우리 안에 하나님의 형상이 있으니, 담대히 세상을 버리게 하시옵소서. 성령님의 충만하심으로 나아가 주님의 뜻에 마음과 몸을 내어드리게 하시옵소서. 일가와 친척에게 예수님의 향기가 되도록 도와주시옵소서.

나라와 사회. 저희들의 주변에는 원하지 않게 어려운 일들을 만나 노숙인으로 지내는 이들이 있습니다. 그들을 불쌍히 여겨 주옵소서. 사업에 실패를 하였거나 순간적인 잘못으로 생활의 터전을 잃은 이들을 도와주시옵소서. 이들 중에 질병으로 고통을 당하고 있는 이들에게는 치료하시는 하나님의 손길로 어루만져 주시옵소서.

지교회 공동체. 주님의 피로 값을 주고 사신 교회를 위하여 기도합니다. 하나님을 영화롭게 해드리려고 빛과 소금의 사명을 감당하겠다고 결단하게 하시옵소서. 지체들 한 사람, 한 사람이 하나님 앞에서 성도의 사명에 헌신하게 하시옵소서. 오늘에 감사로 저희들은 새 해의 시간을 맞이했습니다. 새 날에는 더욱 충성하기를 결단하게 하시옵소서.

↳ 이어서 사회와 국가, 교회의 상황에 하나님의 도우심을 구한다.

예배의 순서. 하늘의 백성에게 은혜를 주시려고 목사님을 단에 세우셨음에 감사드립니다. 그의 입술을 성령님께서 주관하사 말씀을 받게 하시옵소서.
하나님의 위대하심을 선포하는 ○○ 성가대원들을 보아주시옵소서. 그들이 신령과 진정의 예배와 하나님을 영화롭게 해드리는 음악으로 어우러진 최상의 찬양을 드리기를 소망합니다.

오늘도 자원하는 심정을 가지고, 맡은 자리에서 예배의 진행을 돕는 손길들에게 은혜를 더하여 주시옵소서. 봉사를 맡은 이들에게 감사함으로 나아가서 충성을 다하게 하시옵소서.

회중의 중보. 저희들의 심령을 생명을 밝히는 진리로 채워 주시고, 주님의 교회에는 평화와 진리가 가득 차게 하시옵소서. 주님께서 저희 교회의 머릿돌이 되어 주셔서 ○○의 지체에게 서로 사랑하고 이해하며, 감싸 줄 수 있는 은혜를 누리게 하시옵소서. 이로써 저희들은 같은 말을 하고, 같은 생각을 하는 지체들의 공동체가 되게 하시옵소서.

연약한 지체를 위함. 지금, 여러 가지 문제를 안고 나온 성도들이 있으니 이 시간에, 다 해결 받고, 은혜를 받는 시간이 되게 하시옵소서. 하늘 은혜와 사랑으로 평안을 누리게 하시옵소서. ○○의 지체들은 어떤 상황에서든지, 무슨 일을 하든지 성령님의 인도를 따르게 하시옵소서.

결단의 간구. 오늘, 사랑하는 지체들에게 하나님의 계획과 섭리를 깨닫게 하셔서 주신 사명을 감당하게 하시고 권세 있는 성도들이 되어서 어두움의 세력을 물리치고 저주의 세력 앞에 예수의 이름을 부르게 하옵소서. 저희들의 신앙생활에 십자가를 내려놓지 않게 하시고 감사함으로 주님가신 길을 따라가게 하시옵소서.

예수님의 이름으로 기도드립니다. 아멘.

1월 5주, 29일. 토 입춘

시 11:4

여호와께서는 그의 성전에 계시고 여호와의 보좌는 하늘에 있음이여 그의 눈이 인생을 통촉하시고 그의 안목이 그들을 감찰하시도다

보좌가 하늘에 있는 하나님,

감사와 찬양. 하나님께서 친히 구별해주신 거룩한 시간에 하나님의 집에 나왔으니 무릎을 꿇게 하시옵소서. 본래 죄의 종이었던 저희들에게 예배할 수 있는 은혜를 주시니 감사합니다. 분주해야만 하였던 일상의 삶을 쉬고, 종일을 예배하는 시간으로 보내려 합니다. 참 안식의 하루를 온전히 주님께 드리게 하시옵소서.

회개와 용서. 여호와께서는 저희들의 죄를 깨끗이 벗겨주심을 믿습니다. 불의를 일삼으며 말씀에 거역하며 저지른 모든 죄를 용서하여 주심을 믿고 죄를 고백합니다. 말에나 행동에나 불신자들과 어울려서 지냈음을 용서해주시옵소서. 거룩한 자리에서 주홍같이 붉은 죄가 눈처럼 희게 씻어지는 은혜를 입게 하시옵소서.

오늘의 간구. 얼어붙은 눈이 대지의 기운을 빼앗아 가지만 봄이 오고 있음을 느끼게 하심으로써 저희들도 천국에 소망을 두게 하심을 감사합니다. 매서운 눈보라 속에서도 대지의 생명들이 움을 트듯, 어떤 고난이 닥쳐와도 충성된 종이 되어 직분을 감당함으로써 이기게 하시옵소서. 각자가 받은 은사에 따라 섬김을 다하는 삶이

되게 하시옵소서.

나라와 사회. 사람들의 가슴마다에, 하나님의 의로우심이 뜨거워서 불의가 피어나지 못하는 사회가 되게 하심을 믿습니다. 잠시의 이익을 즐기고자, 옳지 않은 일을 좋아하던 옛 사람의 행실을 버린 사람들의 사회가 되기 원합니다. 주님의 영광이 선포되고, 이 땅 곳곳에서 하나님의 뜻이 이루어지는 세상을 보게 하시옵소서.

지교회 공동체. 가난한 이웃들과 외로운 이들에게 하나님의 말씀을 나누는 교회가 되기를 간구합니다. 어두워 가는 사회에 희망을 주게 하여 주시옵소서. 성경을 나누어주는 일에 열심을 더하게 하시며, 구제하면서도 복음을 망각하지 않게 하시옵소서.

　　↳이어서 사회와 국가, 교회의 상황에 하나님의 도우심을 구한다.

예배의 순서. 마음을 모아 강대상으로 향합니다. 말씀을 전하실 목사님의 몸과 성대를 지켜주셔서 한 마디의 말씀도 떨어뜨림이 없이 다 전하시게 하시며, 그 말씀에 저희들 모두 아멘으로 대답하게 하시옵소서.
성가대원들을 구별해서 세워주신 하나님께 감사합니다. 그들이 찬양을 드리는 만큼 거룩하게 하시며, 찬양으로 영광을 선포할 때, 그 영광이 이 전에 가득하게 하시옵소서.
여러 종들을 세우셔서 예배의 순서를 담당하게 하셨습니다. 봉사자로 부름을 받은 이들이 자기들의 자리에서 충성을 드리게 하시옵소서. 성령님의 은혜를 통해서 감당하게 하시옵소서.

회중의 중보. ○○의 지체들, 땅에서 살아가지만 하늘에 속한 백성으로 지내기를 원합니다. 저희들에게 모든 것을 믿으며, 참으며, 바라면서 하나를 이루게 하시옵소서. 이 땅에서 지내는 동안에 주님께서 십자가를 지시고 흘리신 보혈로 한 지체가 되었음을 늘 기억하게 하시옵소서. 십자가의 사랑으로 한 몸이 되기를 소원하게 하시옵소서. 하나님 아버지도 오직 한 분이심을 고백하는 공동체가 되게 하시옵소서.

연약한 지체를 위함. 고와와 과부를 더욱 불쌍히 여기시는 하나님을 생각하면서 간구합니다. 사랑하는 성도들 중에, 하나님의 손길이 간절한 이들이 있으니, 믿음이 연약한 심령들에게는 강하고 담대한 믿음을 허락해 주시옵소서. 그리고 말씀에 갈급하고 굶주린 심령들에게는 말씀의 충만함이 있는 예배이기를 원합니다. 이 시간에, 우리의 기쁨이 되시는 주님을 만나는 체험이 풍성하도록 해 주시옵소서.

결단의 간구. 악하고 음란한 이 때, 저희들에게 더욱 부르짖는 간구의 소리가 있게 하시옵소서. ○○교회의 권속들이 성령님의 충만하심을 사모하도록 하시옵소서. 성령님의 역사가 저희들 개인이나 교회에서 기적과 이사로 나타나기를 원합니다. 120 명의 사람들이 약속하신 성령을 받기 위해서 간절히 기도했던 다락방의 은혜를 보여 주시옵소서.

예수님의 이름으로 기도드립니다. 아멘.

2월 1주 5일, 정월대보름

시 48:1

여호와는 위대하시니 우리 하나님의 성,
거룩한 산에서 극진히 찬양 받으시리로다

거룩한 산에 계신 하나님,

감사와 찬양. 오늘, 저희들을 향해서 "너희 몸을 하나님이 기뻐하시는 거룩한 산 제물로 드리라."(롬 12:1) 하시니 감사합니다. 하나님께서 구별해주신 ○○의 지체들에게 주를 경배하게 하시옵소서. 우리를 위하시며 지난 이 땅에서 살아가는 동안에 긍휼을 베푸시는 여호와를 노래하게 하시옵소서. 이 백성이 주의 이름을 노래하는 한 시간의 예배를 받으시고, 영광 가운데 좌정하시옵소서.

회개와 용서. 돌이켜보니, 지금까지 지내오면서 예수님이 나에게 주님이 되심을 삶의 현장에서 인정해 드리지 못했음을 회개합니다. 솔직히 말씀을 드린다면 종교적으로만 예수님을 시인했을 뿐, 생활의 자리에서는 저희들 자신이 주인이 되어서 자행자지했음을 고백합니다. 저희들의 행위를 조심하여 죄를 짓지 않도록 했어야 하였건만 불의를 일삼으며 살아왔음을 용서해 주시옵소서.

오늘의 간구. 대지가 봄을 기다리듯이 저희들의 심령에도 믿음의 봄을 기다리게 하시옵소서. 금년의 1월을 맞이할 때, 믿음으로 시작했던 것과 같이 예수님만을 따르는 삶이 되게 하시옵소서. 저희들에게 세상의 즐거움을 버리고 주님을 따르게 하시옵소서. 주님만을 따르기 위해서 저희들을 얽어매기 쉬운 것들을 버리도록 인도해주시옵소서.

나라와 사회. 향락과 개인주의, 물질주의, 무질서와 불안감이 팽배해지고 있는 이 나라를 주님의 피 묻은 손으로 고쳐 주시옵소서. 하나님의 공의와 정의, 질서와 화평이 물밀 듯이 밀려오게 하시옵소서. 이 나라에 복 주시고 모든 경영을 하나님께서 주관하여 주셔서 평안함을 누릴 수 있게 하시옵소서. 이 민족의 앞날을 환하게 밝혀 주시옵소서.

지교회 공동체. ○○교회가 주님의 사랑으로 사회봉사에 헌신하게 하시옵소서. 주님께서 당시의 사회를 섬기며 사셨던 모습을 기억합니다. 이로써 교회에서 섬기는 사회봉사 사역에도 더욱 몸을 드려 참여하기를 원합니다. 자기의 몸을 내어주시려고 하나님이 사람이 되어 오신 주님을 묵상하면서 사회봉사를 위한 헌신에 자원하게 하시옵소서.

↳ 이어서 사회와 국가, 교회의 상황에 하나님의 도우심을 구한다.

예배의 순서. ○○의 강단에 기름을 부어 주시옵소서. 목사님께 생명을 구원하는 능력의 말씀을 전하시는 대언자로 삼아 주시옵소서. 저희들은 그 말씀을 영생의 삶을 살게 하는 진리로 붙잡게 하시옵소서.
아름다운 찬양을 준비한 성가대원들에게 성령님으로 더욱 충만하게 하시옵소서. 성가대의 찬양으로 하나님께 영광을 드리고, 회중에게도 은혜가 되게 하시옵소서.

오늘도 예배를 위해서 종들을 구별하셨습니다. 순서를 담당한 지체들과 예배의 진행을 돕기 위하여 봉사를 맡은 이들에게 감사함으로 나아가게 하시옵소서.

회중의 중보. 오늘, 예배할 때, 성령님의 충만하심을 내려 주시옵소서. 성령님의 역사가 넘쳐서 성도들마다 심령의 부흥을 이루게 하시옵소서. 그리하여 성령님으로 말미암은 은사의 다양함을 누리게 하시옵소서. 저희들은 성령님의 은사로 교회를 섬기게 하시옵소서. 복음을 전파하며, 서로 격려하고 돌아보아 부흥의 열매를 맺게 하시옵소서.

연약한 지체를 위함. 병상에 누어서 신음하거나 질병으로 슬픔에 빠져 있는 지체들을 위하여 하나님의 자비를 구합니다. 예수님께서 병든 자들을 고쳐 주셨던 것처럼 저희들을 불쌍히 여겨 주시옵소서. 주님만이 구원이 되심을 믿고 의지하는 손길들에게 주님의 선하신 뜻을 보여 주시옵소서.

결단의 간구. 저희들의 심령을 새롭게 해주시옵소서. 하나님 앞에서 순종하기를 결단하게 하시옵소서. 그래서 우리 주님과 동행하는 매일, 매일이 되게 하시옵소서. 허물로 인한 회개기도 보다는 승리에 대한 감사의 기도가 넘치는 날들이 되게 하시옵소서. 은혜를 사모하게 하시고, 사명에 충성하게 하시며, 감사로 열매 맺는 축복을 내려 주시옵소서.

　　　　　　　예수님의 이름으로 기도드립니다. 아멘

2월 2주, 12일

시 96:9

아름답고 거룩한 것으로 여호와께 예배할지어다
온 땅이여 그 앞에서 떨지어다

예배하라 하시는 하나님,

감사와 찬양. "또 모든 열방들아 주를 찬양하며 모든 백성들아 그를 찬송하라 하였으며." 아멘(롬 15:11) ○○교회를 세우시고, 하나님의 자녀들을 불러 모아 주셨으니 감사합니다. 여기에 모인 지체들이 우리 하나님의 성호를 자랑하게 하시옵소서. 이 시간에, 예배하면서 여호와를 구할 때, 저희들의 마음을 즐겁게 하시옵소서. 여호와 하나님을 노래하며, 구원에 감사하게 하시옵소서.

회개와 용서. 살아가는 것이 힘들어서 예수님께서 주신 지상명령을 소홀히 했던 죄를 고백합니다. 생명을 살리라고 주신 전도의 사명을 오히려 부담으로 여겼음을 용서해 주시옵소서. 전도를 제일 우선으로 여기겠습니다. 온 천하에 다니면서 만민에게 복음을 전파하는 생활에 힘쓰도록 해주시옵소서.

오늘의 간구. 저희 교회를 주님의 거룩한 지체로 삼아 주시옵소서. 불신의 이웃을 위하여 기도하고, 그들에 의하여 봉사할 수 있는 저희가 될 수 있도록 은혜를 더하여 주시옵소서. 하나님께서 사랑하시는 그들에게 주님의 사랑을 나누도록 해 주시옵소서. 하나님의 공급하시는 힘으로 이웃을 위하여 헌신하게 하시옵소서.

나라와 사회. 이 나라를 지켜 주시옵소서. 하나님의 사람들인 저희들은 지구상에서 벌어지는 다툼과 갈등의 역사가 하나님을 거역하는 것임을 성령님께 감동이 되어 깨닫게 하시옵소서. 인간과 세상의 야망을 버리고 하나님의 뜻 안에 있는 평화를 꿈꾸며 살아가는 이 백성이 되기를 소망합니다. 대한민국이 하나님의 나라로 세워지게 하시옵소서.

지교회 공동체. 교회의 각 기관들이 활성화되어 부흥케 하시고 성결운동으로 세상에 본이 되게 하여 주시기를 원합니다. 영혼구령을 위해 세우신 주의 교회를 기억하게 하시옵소서. 교회를 부흥케 하시고, 말씀으로 충만하게 하시며, 기도와 헌신으로 주님께 인정받게 하시옵소서. 이로써 생명을 구원하는 일에 헌신하는 저희들로 삼아 주시옵소서.

↳ 이어서 사회와 국가, 교회의 상황에 하나님의 도우심을 구한다.

예배의 순서. 우리 교회의 강단이 생명의 강단이 되어, 성도들이 소생을 경험하게 하시옵소서. 강단에서 생수가 흘러넘치는 은혜를 보여주시옵소서. 이로써 ○○교회에 부흥을 경험하는 역사를 보여주시옵소서.
○○성가대를 세워주시니 감사합니다. 저들이 음성으로 하나님의 영광을 선포하기 전에, 여호와께 드려진 제물로 삼아 주시옵소서. 그들이 마음과 몸을 드려 찬양하게 하시옵소서.
또한 많은 이들 가운데 예배를 위한 봉사자들이 순종함으로 하나님께 영광을 드리고 있으니 복된 봉사가 되게 하시옵소서. 맡겨진 자리에서 충성스럽게 섬겨, 이 시간을 더욱 영화롭게 하도록 해주시옵소서.

회중의 중보. 주님의 피 묻은 십자가를 언제나 사랑하게 하시고, 주님께서 받으셨던 고난의 쓴잔을 이제 저희가 받게 하여 주시옵소서. 주님의 사랑을 기억하며 다른 이들의 가슴에도 주님의 사랑을 심을 수 있도록 축복하여 주시옵소서. 생명과 자유를 주신 주님을 함께 찬양할 수 있는 교회가 되게 하여 주시옵소서.

연약한 지체를 위함. 요즈음, 저희들 주변에는 어려움으로 힘들어 하는 이들이 있으니, 그들을 불쌍히 여겨 주시옵소서. 인생의 광풍을 만난 이들에게 함께 하셔서 풍랑을 다스려주시고, 평안케 하시옵소서. 지체들은 어려움을 겪으면서 하나님의 은혜를 소망하게 하시옵소서. 풍랑으로 훈련시키시는 주님의 손을 기다리게 하시옵소서.

결단의 간구. 이제, 사랑하는 ○○의 지체들에게 회복의 은혜를 내려 주시옵소서. 하나님의 자비로우심으로 성도답게 살게 하소서. 이미 빛과 소금이 되라 하신 주님의 뜻대로 사는 종들이 되게 하옵소서. 개혁의 신앙을 물려받아 악을 물리치고 하나님을 기쁘시게 하는 것을 사모하는 삶이 되도록 이끌어 주시옵소서.

예수님의 이름으로 기도드립니다. 아멘.

2월 3주, 19일, 우수

시 57:11

하나님이여 주는 하늘 위에 높이 들리시며 주의 영광이
온 세계 위에 높아지기를 원하나이다

하늘 위에 높이 들리신 하나님,

감사와 찬양. "이러므로 여호와여 내가 모든 민족 중에서 주께 감사하며 주의 이름을 찬양하리이다." 아멘(삼하 22:50) 주를 기뻐하고 즐거워하는 ○○의 지체들이 여호와의 이름으로 나아갑니다. 성소에 모인 저희들에게 지존하신 주의 이름을 찬송하게 하시옵소서. 여호와를 두려워하는 백성들로 입을 벌려 찬송하게 하시옵소서.

회개와 용서. 저희들에게 회개의 은혜를 내려 주시옵소서. 죄악을 찾아내어 낱낱이 자복하게 하시옵소서. 오직 저희를 대하여 오래 참으시는 하나님의 사랑에 감사드립니다. 이 시간에 저희들의 죄를 자복할 때, 아무도 멸망치 않고 다 회개하기에 이르기를 원하심을 믿습니다. 사유하시는 은혜로 깨끗케 하시옵소서.

오늘의 간구. 겨울이 그렇게 길 것 같았지만 오는 봄에 이기지 못하고 물러가는 듯합니다. 겨울 동안 움츠렸던 저희들에게 이제는 도약을 하라고 봄을 주시니 감사합니다. 저희들은 이제, 따스한 바람을 즐기면서 심령에도 봄을 맞게 하시옵소서. 성령님의 감화와 감동으로 충만함을 느끼게 하시옵소서. 하나님의 백성으로서 저희들이

해야 될 일들을 바라보게 하시고, 부지런하게 하시옵소서.

나라와 사회. 고통을 받는 이웃을 섬기는 자원봉사에 적극적으로 나서는 ○○교회로 이끌어 주옵소서. 외면당하고 멸시받는 가난한 이들과 어울리시며 은혜를 베푸신 주님을 본받아 도움이 필요한 곳에 적극적으로 참여하게 하시옵소서. 자신의 일에 바빠 가난한 이웃을 돌아보지 못하는 풍조 속에서 성도로서의 봉사와 공생의 삶으로 지내게 하시옵소서.

지교회 공동체. 주님의 교회를 이루고 있는 모든 지체가 말씀으로 양육받게 하시고 봉사하고, 섬기며, 교제하여 참으로 주님이 잘했다 칭찬하시는 구원의 방주가 되게 하시옵소서. 교회의 여러 기관들이 부흥케 하시옵소서. 저희 교회가 부흥함으로 사회가 살아나고 냄새나는 곳에 소금이 되게 하여 주시옵소서.

↳ 이어서 사회와 국가, 교회의 상황에 하나님의 도우심을 구한다.

예배의 순서. 오늘도 목사님께서 전하시는 생명의 말씀을 아멘으로 받게 하시옵소서. 영원에 이르도록 해주는 말씀을 붙잡고, 평생을 살겠다는 다짐이 있게 하시옵소서.

여호와의 영광이 예배당에 선포되도록 성가대를 세워주셨습니다. ○○ 성가대원들이 하나님을 예배하는 저희들을 대신하여 찬양하는 역할을 귀하게 감당하게 하시옵소서.

이 시간에 예배를 위해서 성실히 맡은 직분의 자리에서 봉사하는 지체들을 기억해 주시옵소서. 저들의 수고를 통해서 더욱 영화롭게 예배를 드리게 하셨음에 감사합니다.

회중의 중보. ○○의 지체들에게 갈보리의 은혜를 새롭게 하시옵소서. 갈보리에서 주님의 죽으심은 죄인을 위한 대속의 죽음이셨음에 감사드립니다. 하나님께 원수 되었던 죄인인 나를 하나님과 화목하게 하셨음에 감사드립니다. 갈보리에서의 나의 구원이 이루어졌음을 확신합니다.

연약한 지체를 위함. 몸이 늙어 쇠약하거나 병이 들어 집이나 병원에서 홀로 있는 이들이 있으니 도와주시옵소서. 회복하게 하시는 여호와의 만져주심으로 구원해 주시옵소서. 지금, 병든 이들에게는 싸매어주시는 은혜로 아픈 부위를 고쳐주시옵소서. 쇠약해진 어르신들께는 날마다 새 힘을 주시고, 남은 생애를 주 안에서 지켜주시옵소서.

결단의 간구. 많은 이들 가운데 ○○ 교회의 성도들에게 세상의 사람들을 향하여 마음이 열리게 하시니 감사드립니다. 믿음의 눈으로 세계의 모든 사람들을 보게 하시니 감사드립니다. 이 마음은 성령께서 주신 것인 줄 믿으니 그들을 가슴에 품고 기도하도록 이끌어 주시옵소서.

예수님의 이름으로 기도드립니다. 아멘.

2월 4주, 26일(사순절 첫째 주일), 삼일절 예배, ㊡ 삼일절

시 33:12

여호와를 자기 하나님으로 삼은 나라 곧 하나님의
기업으로 선택된 백성은 복이 있도다

여호와를 하나님으로 삼게 하신 하나님,

감사와 찬양. "주여 주께서 지으신 모든 민족이 와서 주의 앞에 경배하며 주의 이름에 영광을 돌리게"(시 86:9) 하시니 감사합니다. 저희들의 마음을 주께로 정하게 하셨음을 반가워하며 찬송을 드립니다. 이 시간에, 하늘의 문이 열려 구원의 은혜와 평강의 복이 넘치게 하신 하나님의 이름에 합당한 영광을 드리는 예배가 되게 하시옵소서. 주님의 영으로 충만하여 축제의 기쁨으로 예배하게 하시옵소서.

회개와 용서. 하나님의 뜻을 구하는데 게을렀던 삶을 고백합니다. 기도에 힘을 쓰되, 하나님의 뜻이 이 땅에서 이루어지도록 간구했어야 하였으나 기도에 부족했던 죄를 용서해 주시옵소서. 안목의 정욕과 이생의 자랑이 주는 유혹을 거절하지 못 하고 지낸 죄를 고백합니다. 주님께서 흘리신 보혈로 저희들의 심령을 깨끗하게 하시옵소서.

오늘의 간구. 하나님을 사랑하는 삶으로서 나라를 위해서, 민족을 위해서 자신을 내어주게 하시옵소서. 느헤미야가 자기 민족에 가졌

던 조국을 사랑하는 마음을 주시옵소서. 나라가 어려움에 빠졌을 때, 자신의 목숨을 버리고 독립운동에 나섰던 조상들이 나라를 위하여 희생하기까지 헌신하도록 하신 은혜를 저희들에게도 주시옵소서.

나라와 사회. 우리나라를 위해서 봉사하겠다고 나선 위정자들을 위하여 간구합니다. 위정자들이 여호와 앞에서 하나님의 손길을 대신하여 이 사회를 이끌어 나가게 하시옵소서. 나라와 국민들을 위한 정치에 전념하게 하옵소서. 자신의 이익과 행복보다는 국민들을 위한 봉사자로 정치에 임하도록 하시옵소서.

지교회 공동체. 저희를 주님의 거룩한 지체로 삼아 주시옵소서. 하나님께서 사랑하시는 불신의 이웃을 위하여 기도하게 하시옵소서. 그들에게 하나님의 사랑을 전하기 위하여 봉사하는 저희가 될 수 있도록 은혜를 더하여 주시옵소서. 지역사회에서 주님의 사랑을 나누도록 해 주시옵소서. 하나님의 공급하시는 힘으로 이웃을 섬기게 하시옵소서.

↳ 이어서 사회와 국가, 교회의 상황에 하나님의 도우심을 구한다.

예배의 순서. 하나님의 종으로 기름을 부으신 목사님을 세워주심에 감사드립니다. 종이 전해주시는 말씀에 순종하게 하옵소서. 성도들에게 주님의 음성을 듣는 귀한 시간이 되게 하여 주시옵소서. ○○성가대원들이 성령님께 감동되어서 드리는 찬양으로 온 교회에 영광이 넘치기를 원합니다. 대원들 한 사람, 한 사람이 하나님께 드리는 제물이 되어 하나님의 영광을 선포하게 하시옵소서. 예배하는 시간을 거룩하게 하시려고 종들을 세워주셨습니다. 그들이 예배의 진행을 돕고, 성도들의 편의를 위하여 봉사할 때, 성령님께서 감동해 주시옵소서. 존귀한 지체들의 헌신을 받아 주시옵소서. 이 예배를 방해하려는 사탄의 세력이 얼씬거리지 못하게 하옵소서.

회중의 중보. 선조들이 주 안에서 나라를 사랑하고, 나라를 위하여 목숨을 내던지게 하신 하나님의 손길에 찬양을 드립니다. 지난날에는 선조들이 구국운동에 몸을 던졌으나, 오늘에는 저희들이 기도로 나라를 구하게 하시옵소서. 하나님이 나라를 불쌍히 여겨 주심을 바라던 선조들의 기도를 저희들이 잇게 하시옵소서.

연약한 지체를 위함. 사랑하는 주님의 백성이 오직 하나님의 위로와 소망을 바라며 사는 저희들이 되게 하시옵소서. 힘들고 지쳐서 넘어지려고 할 때, 늘 옆에서 너는 내 아들이라는 주님의 사랑스런 음성을 들으며 용기와 희망을 가지게 해주시기를 원합니다.

결단의 간구. 오늘, 죄인을 구원하시려고 구주를 보내주신 하나님의 사랑에 감격하기를 원합니다. 때때로 신앙에 실족할지라도 주님이 주시는 능력으로 이기려는 다짐을 갖게 하시옵소서. 주님이 주시는 소망의 기쁨으로 주님께서 원하시는 길을 걸어가기를 결단하게 하시옵소서. 저희에게 산 소망을 허락하여 주시옵소서.

예수님의 이름으로 기도드립니다. 아멘.

3월 1주, 5일, 월 경칩, 수 민주의거기념일

시 96:6

존귀와 위엄이 그의 앞에 있으며 능력과
즐거움이 그의 성소에 있도다

존귀와 위엄을 가지신 하나님,

감사와 찬양. "여호와여 주께서 지으신 모든 것들이 주께 감사하며 주의 성도들이 주를 송축하리이다."(시 145:10)라고 하셨으니, 머리를 숙이게 하시옵소서. 여호와의 영광이 주님의 교회에 크게 임재하시기를 원합니다. 여호와의 집에 심겨진 나무와 같은 주님의 백성들을 보시옵소서. ○○의 지체들에게는 예배드림을 통해서 우리 하나님의 궁정에서 흥왕하게 되는 복을 누리게 하시옵소서.

회개와 용서. 하나님께 좋아야 될 저희들이었지만 지금의 모습은 그렇지 못합니다. 저희들의 지난 한 주간 동안은 결코 아름답지 못하였음을 회개하게 하시옵소서. 회개의 영으로 인도하셔서 육신이 연약하고 믿음이 부족하다는 핑계로 주님의 말씀대로 살지 못하였음을 고백하게 하시옵소서. 지금, 불의하게 지내왔던 죄를 고백할 때 용서해주시옵소서.

오늘의 간구. 주님께서 지으신 모든 피조물들이 하나님의 위대하심을 찬양하고 있습니다. 이 봄에는 ○○의 지체들 모두가 신령한 복을 받아 범사가 잘 되고, 강건케 되는 역사를 보게 하시옵소서. 새 사

람을 입으라는 약속의 말씀으로 살도록 도와주시옵소서.

나라와 사회. 하나님께서 우리나라, 대한민국을 지켜주시니 감사합니다. 지리적으로 세계에서 아주 작은 나라, 더욱이 대륙의 한 끝에 반도로 붙어 있어서 힘이 없는 나라지만 하나님의 눈은 이 나라를 지켜주셨다고 믿습니다. 국가적으로 어려움이 닥쳐올 때마다 성도들을 구국기도로 세워주셨음에 감사합니다. 하나님께서 나라를 불쌍히 여겨 주심을 바라던 선조들의 기도를 저희들이 잇게 하시옵소서.

지교회 공동체. 우리 교회가 부흥되기를 소원하게 하셨음에 감사드립니다. 지금, 교회를 부흥시키는 영이 저희들에게 충만하게 하시옵소서. 온 교우들이 한 몸이 되어 부흥을 누리기를 원합니다. 성령님께서 ○○의 지체들의 생각과 입술을 주장해 주셔서 기도하게 하시옵소서. 주님의 교회가 그리스도의 장성한 분량에 이르는 성장으로 인도해 주시옵소서.

　↳ 이어서 사회와 국가, 교회의 상황에 하나님의 도우심을 구한다.

예배의 순서. 하나님께서 ○○교회에 말씀을 선포하시려고 목사님을 단에 세우셨음에 감사합니다. 대언자로 세우신 목사님의 입에서 진리가 전달되게 하시옵소서. 하나님의 입에서 교훈을 받고, 마음에 두게 하시옵소서.
찬양으로 영광을 원하시는 하나님께서 ○○성가대를 세워주시니 감사합니다. 노래하도록 구별된 종들이 먼저 하나님께 드려진 제물이 되게 하시옵소서. 저희들도 화답하여 여호와의 임재를 보게 하시옵소서.

예배에 봉사하도록 부르심을 받아 섬기는 종들을 받으시옵소서. 사랑하는 이들이 이른 아침부터 수고를 다하게 하시니 감사드립니다.

회중의 중보. 주님께서 저희들을 구원하시려고 고난을 당하셨던 삶을 회상하면서 지내는 요즈음, 하나님의 크고 위대하심에 영광을 드립니다. 주님의 십자가로 저희들의 구원을 이루신 은혜의 하나님께 영광을 드립니다. 십자가에서 이루어진 구속의 은혜를 감사하면서 지내게 하시옵소서. 갈보리의 십자가 앞에서 영광을 드리기 원합니다.

연약한 지체를 위함. 우리 지체들 중에, 병든 이들을 고쳐 주시옵소서. 그들의 생명을 위험한 지경에서 건지시는 하나님의 은혜를 소망합니다. 사랑하는 환우들에게 찾아가 위로하여 주시옵소서. 그들이 지금, 이 시간에 교회를 얼마나 그리워하겠습니까? 어서 속히 저희들과 한 자리에 앉아 주님의 이름을 찬송하게 하시옵소서.

결단의 간구. ○○교회는 선교하는 교회로 오늘에까지 사명을 다하게 하시니 감사드립니다. 하나님께서는 선교사역에의 비전과 헌신을 갖게 하시며, 우리 교회를 선교하는 공동체로 사용하시려 하시는데 저희들은 부족하였습니다. 보내는 선교사로서의 헌신이 먼저 있었어야 하였지만 주저했습니다. 저희들을 선교사역에 회복시켜 주시옵소서.

예수님의 이름으로 기도드립니다. 아멘

3월 2주, 12일, 수 3.15의거기념일

엡 1:7

우리는 그리스도 안에서 그의 은혜의 풍성함을 따라
그의 피로 말미암아 속량 곧 죄 사함을 받았느니라

죄 사함을 주신 하나님,

감사와 찬양. "여호와여 주께서 지으신 모든 것들이 주께 감사하며 주의 성도들이 주를 송축하리이다."(시 145:10)라고 하셨으니, 머리를 숙이게 하시옵소서. 여호와의 영광이 주님의 교회에 크게 임재하시기를 원합니다. 여호와의 집에 심겨진 나무와 같은 주님의 백성들을 보시옵소서. ○○의 지체들에게는 예배드림을 통해서 우리 하나님의 궁정에서 흥왕하게 되는 복을 누리게 하시옵소서.

회개와 용서. 입술로는 주님을 사랑한다고 고백하고, 주님이 우선이라 하지만 행실로는 그러하지 못하였습니다. 생각과 마음으로는 이웃을 사랑한다 하며 지내왔던 저희들입니다. 천국의 백성과는 정반대의 삶이 되어, 내가 행복하기 위해서 남을 불행하게도 했음을 부인할 수 없습니다. 죄를 씻어주시는 주님의 피로 용서해 주시옵소서.

오늘의 간구. ○○의 권속은 여호와께 존귀한 공동체라고 믿습니다. 각 사람에게 주님께서 원하시는 소금이 되어 빛을 비추게 되는 삶으로 부족함이 없도록 인도해 주시옵소서. 열매 맺는 삶을 위하여 주님의 고난에 적극적으로 동참하면서 살기를 원하는 성도들을 붙잡아 주시고, 세상의 빛과 소금으로 사는 것을 잊지 않게 하여 주시옵소서.

나라와 사회. 이 민족을 구원하신 하나님의 은혜에 찬양을 올려드리게 하시옵소서. 선조들이 주 안에서 나라를 사랑하고, 나라를 위해 목숨을 내던졌던 역사를 갖고 있습니다. 지난날에는 선조들이 구국운동에 몸을 던졌으나, 오늘에는 기도로 나라를 구하게 하시옵소서. 하나님께서 존귀하게 여기시는 이 백성, 이 나라를 불쌍히 여겨 주심을 바라던 선조들의 기도를 잇게 하시옵소서.

지교회 공동체. 우리 ○○의 가족이 하나님의 말씀으로 굳게 세워지게 하시니 감사합니다. 성도들은 말씀으로 양육을 받게 하시고, 섬기며, 교제하여 참으로 주님께서 칭찬하시는 구원의 방주가 되게 하시옵소서. 교회의 여러 기관들이 부흥케 하시옵소서. 저희 교회가 부흥함으로써 사회가 살아나고, 냄새나는 곳에 소금이 되게 하여 주시옵소서.

↳ 이어서 사회와 국가, 교회의 상황에 하나님의 도우심을 구한다.

예배의 순서. 오늘, 말씀을 대언하실 목사님께 성령으로 기름을 부어주시옵소서. 말씀을 선포하실 때, 전하시는 목사님과 받는 회중이 성령으로 충만하게 하시옵소서. 그 말씀에 가슴이 뜨거워지게 하시옵소서.

예배를 위하여 ○○성가대원들을 준비시켜주셨음에 감사드립니다. 하나님 앞에서 찬송을 맡은 이들이 벅찬 감격으로 찬양을 부르게 하시고, 저희들에게는 예배하려는 마음이 더욱 간절해지게

하시옵소서.

거룩한 한 시간의 예배를 위해 헌신된 일꾼들에게도 은혜를 내려주시옵소서. 성소에서 두려운 마음으로 봉사하게 하시옵소서.

회중의 중보. ○○의 지체들, 삶의 장소로 주신 세상에서 빛이 되며, 소금이 되게 하시옵소서. 저희들이 함께 살아가고 있는 세상의 사람들을 주목하게 하시옵소서. 그들의 삶에 유익과 도움이 될 수 있는 나눔의 삶이 되게 하시옵소서. 저희들의 수고스러운 행실이 착한 열매가 되어 하나님 나라 확장에 쓰임을 받게 하시옵소서.

연약한 지체를 위함. 여호와 앞에 꿇어 엎드린 사랑하는 ○○의 지체들을 보아주시옵소서. 눈물을 흘리며 부르짖는 기도를 들으시고, 좋은 것으로 응답해 주시옵소서. 저희들은 하나님의 말씀대로 살아가는 믿음을 갖기 원합니다. 저희들을 이끄셔서 더욱 굳센 믿음 위에 서게 해주시옵소서. 그 은혜로 주님 안에서 살기를 결단하게 하시옵소서.

결단의 간구. 지체에게 죄성을 깨닫게 하시옵소서. 사죄와 칭의의 보장이 되어주신 주님의 은혜로부터 멀어지지 않게 하시옵소서. 성령님의 은혜로 말미암아 하나님의 형상 안에서 새롭게 지어져가는 ○○의 가족이 되는 것을 소망하게 하시옵소서. 모두 여호와의 이름을 찬양하는 복스러운 예배의 삶으로 들어가게 하시옵소서.

예수님의 이름으로 기도드립니다. 아멘.

3월 3주, 19일, 화 춘분, 수 세계물의날

시 118:24

이 날은 여호와께서 정하신 것이라 이 날에
우리가 즐거워하고 기뻐하리로다

즐거워하고 기뻐하게 하시는 하나님,

감사와 찬양. 저희들 각자가 경건에 주목하는 생활을 하다가 오늘을 구별해서 성회로 모였으니 하늘로부터 위로가 있기를 원합니다. 주님의 십자가를 통해서 소망을 주시는 손길을 바라보게 하시옵소서. ○○의 권속에게 오직 성령님의 충만하심으로 예배하는 권속이기를 소망합니다. 하나님을 영화롭게 해드리기 위하여 임마누엘을 소망하게 하시옵소서.

회개와 용서. 하나님께서 저희들을 자녀로 삼아주심은 주 안에서 항상 기뻐하도록 하심이셨으나 기뻐하지 못하였습니다. 기쁨보다는 분노와 화로 지내왔고, 주님을 등지는 생활을 해왔음을 용서해 주시옵소서. 이제, 저희들의 죄를 감추지 않고, 다 회개하게 하시옵소서. 지금, 회개하는 저희들에게 주님의 보혈로 깨끗하다고 선언해 주시니 감사합니다.

오늘의 간구. 집 안에도 봄의 따스함이 들어오는 요즈음에, 저희들의 심령에도 소성케 해 주시는 생명의 따스함이 전해지기 원합니다. 이 한 달 내내 생명을 예찬하는 삶이 되게 하옵소서. 삼일 만세 운

동의 감격이 온 민족의 가슴을 덮음처럼 하나님의 은혜로 이 민족이 새로워짐을 위해 기도하게 하시옵소서.

나라와 사회. 이 나라에 평안과 안정을 선물해 주시옵소서. 이 나라는 저희들만의 나라가 아님을 압니다. 이제, 뒤에 오는 후손들에게 물려주어야 하는 아름다운 금수강산입니다. 하나님께서 보호하시고, 우리는 서로 사랑하여 영광스러운 조국을 만들어 가게 하시옵소서. 그리고 이 땅을 후손에게 물려주어야 함을 잠시라도 잊지 말게 하시옵소서.

지교회 공동체. ○○교회에 하나님께의 충성하는 영이 강권적으로 역사하기를 빕니다. 성령님의 생명을 살리는 역사가 나타나 복음이 곳곳마다 전파되어 새 생명을 얻는 역사를 보게 하시옵소서. 성령님의 교회를 세우시는 역사가 임하여 날마다 부흥되는 은혜를 사모합니다. ○○의 지체들이 충성을 위하여 소용되는 모든 것에 헌신하게 하시옵소서.

↳ 이어서 사회와 국가, 교회의 상황에 하나님의 도우심을 구한다.

예배의 순서. 말씀을 대언해주시는 목사님을 성령님의 권세와 능력으로 붙들어 주시옵소서. 말씀을 받음이 이 교회에 복이 되기 원합니다. 그 말씀으로 새 생명을 얻은 기쁨 속에 살아가는 저희들이 되게 하시옵소서.

교회를 위하여 ○○성가대원들을 준비시키셨음에 감사드립니다. ○○성가대의 귀한 지체들의 찬양으로 하나님께는 영광이 드려지게 하시옵소서. 하나님의 영광이 온 천하에 선포되게 하시옵소서.

오늘도 여러 사람들이 교회와 예배를 섬기기 위해서 맡겨진 역할로 봉사합니다. 그들이 여호와께 바쳐질 제물이 되게 하시옵소서.

회중의 중보. 죄와 허물로 죽었던 저희들을 예수 그리스도의 보혈의피로 살려 주시어 구속의 은총을 허락하심을 진심으로 감사드립니다. 끝까지 주님께서 주신 구속의 은총을 지켜 구속의 완성에 이를 수 있도록 저희들을 도와주시고 인도해 주시옵소서. 지금도 교회를 통해서 일하시는 성령의 능력을 체험케 하시옵소서.

연약한 지체를 위함. 하나님의 품 안에 있는 ○○의 지체들이 강건하게 지내는 은혜를 보게 하시옵소서. 심한 병고에 시달리는 이들이 주님을 사랑하고, 치유의 은혜를 기다리고 있으니 저들의 병든 몸을 통해서 하나님의 일이 이루어지기를 소망합니다. 이 시간에 관절과 골수, 오장과 육부를 만져 주셔서 하나님의 영광을 나타내시옵소서.

결단의 간구. 저희들은 주님의 이름으로 한 마음, 한 영이 되어서 거룩한 한 묶음임을 경험하기 원합니다. 이 복스러운 예배에서 한 마음, 한 입으로 주님께 영광을 드리게 하시옵소서. 예배의 순서를 성령님께서 친히 주장해 주시옵소서. 거룩한 직무에 부름을 받아, 봉사하게 하시고, 오직 하나님께만 영광이 되게 하시옵소서.

예수님의 이름으로 기도드립니다. 아멘.

3월 4주, 26일, 토 수산인의날

시 86:9

주여 주께서 지으신 모든 민족이 와서 주의 앞에
경배하며 주의 이름에 영광을 돌리리이다

주의 이름에 영광을 돌리라 하시는 하나님,

감사와 찬양. "왕이신 나의 하나님이여 내가 주를 높이고 영원히 주의 이름을 송축하라."(시 145:1) 하셨습니다. 하나님께서 예배를 받으시는 날에, 여호와를 송축하게 하시옵소서. 하나님을 예배하러 모인 지체들이 그 거룩한 이름을 송축하게 하시옵소서. 이 한 시간의 예배에서 즐거운 소리로 공교히 연주하게 하시옵소서.

회개와 용서. 저희들은 매일, 매일을 살아가는 것이 힘들어서 예수님께서 실천하라고 주셨던 지상명령을 소홀히 했던 죄를 고백합니다. 생명을 살리라고 주신 전도의 사명을 오히려 부담으로 여겼음을 용서해 주시옵소서. 전도를 제일 우선으로 여기겠습니다. 온 천하에 다니면서 만민에게 복음을 전파하는 생활에 힘쓰도록 해주시옵소서.

오늘의 간구. 십자가에 달려 자기의 목숨을 내어주신 주님을 묵상하며 지냈습니다. 주님의 피 값으로 사신 우리 교회에, 구석구석마다 피 묻은 십자가의 정신과 복음이 깊게, 깊게 스며들게 하시옵소서. 교회를 찾아 모인 모든 심령들이 십자가의 주님을 만나게 하시옵소서. 십자가의 감격을 가슴으로 체험하는 영적 부흥이 있게 하시옵소서.

나라와 사회. 여호와께서는 가난한 자를 도우시고, 궁핍한 자를 긍휼히 여기시니 대한민국의 백성은 하늘을 바라보며 살아가기를 원합니다. 우리나라와 이 백성이 인생의 길을 아시는 여호와께 마음을 두고 살게 하시옵소서. 저희들의 삶을 온전히 맡기게 하시옵소서. 이 땅에, 이 사회에 하나님의 일들이 이루어지기를 소망합니다.

지교회 공동체. 주님께서 저희들을 구원해 주시려고 고난을 당하신 절기를 맞이하여 하나님의 크고 위대하심에 영광을 드립니다. 십자가로 저희들의 구원을 이루어 주신 은혜의 하나님께 영광을 드립니다. 이 시간에, 십자가에서 이루어진 구속의 은혜를 감사하면서 예배하려는 저희들, 갈보리의 십자가 앞에서 영광을 드리기를 원합니다.

↳ 이어서 사회와 국가, 교회의 상황에 하나님의 도우심을 구한다.

예배의 순서. 강단에서 생명의 말씀이 선포되게 기름을 부어 주시옵소서. 목사님께서 대언해 주시는 말씀이 생명이 되어서 잠들어 있는 자들에게는 깨움이, 죽어있는 자들에게는 살리는 메시지를 경험하기를 원합니다.

여호와 앞에서 존귀한 지체들이 하나님을 찬양할 때, 이 예배당이 천상의 자리가 되기를 원합니다. 하나님 앞에서 찬송을 맡은 이들이 벅찬 감격으로 찬양을 부르게 하시옵소서.

예배를 위하여 부름을 받은 사역자들이 겸손한 마음으로 헌신하게 하시옵소서. 주님을 사랑하고, 교회를 위하여 여러 모습으로 섬기는 종들에게 은혜를 내려 주시옵소서.

회중의 중보. 사랑하는 지체들은 참으로 연약합니다. 오늘도, 주님의 보혈의 능력이 나타나 저희들을 괴롭히는 악을 제거해 주시옵소서. 그리고 저희들은 하나님을 주목하는 중에, 어디에서 어떤 삶으로 있던지, 성도의 자리에서 지내게 하시며, 이웃을 용서하는 삶을 통해서 우리 속에 있는 하나님의 은혜를 드러내게 하시옵소서.

연약한 지체를 위함. 하나님의 자비로우심으로 성도답게 살도록 도와주시기 바랍니다. 비록 가난하고, 병든 육체를 갖고 살아도, 하늘의 하나님을 바라보게 하시옵소서. 저희 교회에 속한 지체들이 한결같이 주님의 뜻대로 사는 종들이 되기를 소망합니다. 이 거룩한 시간의 예배로 저희들이 새롭게 되는 복을 누리게 하시옵소서.

결단의 간구. 이 시간에, 주님의 고난에 참여함으로써 주님의 참 제자가 될 수 있도록 도와주시옵소서. 저희들의 손과 발이 깨끗하고 마음이 겸손해지기 원합니다. 고난에 참여하는 은혜를 경험하게 해 주시옵소서. 주님의 우리를 위하신 고난을 저희들의 심령에 채우게 하시옵소서. 그 고난을 통해서 비로소 그리스도인이 되게 하시옵소서.

예수님의 이름으로 기도드립니다. 아멘.

4월 1주, 2일, 종려 주일, 🌱 식목일, 청명, 🍚 한식

요 1:29

이튿날 요한이 예수께서 자기에게 나아오심을 보고
이르되 보라 세상 죄를 지고 가는 하나님의 어린 양이로다

예수님께 세상 죄를 지우신 하나님,

감사와 찬양. 종려 주일에, "여호와께 그의 이름에 합당한 영광을 돌리며 거룩한 옷을 입고 여호와께 예배할지어다."아멘(시 29:2) 주님의 날을 사모하던 백성들이 머리를 숙였습니다. 이 날이 저희들에게 거룩한 날이 되기를 기다렸으니, 오늘 하나님의 거룩함으로 들어가게 하시옵소서. ○○의 지체들이 영과 진리로 예배할 때, 여호와의 이름에 합당한 영광을 돌리게 하시옵소서.

회개와 용서. 십자가에서 죄와, 세상과, 육신과, 사탄의 세력을 이기게 해주신 것을 잊고 지냈던 지난 삶을 회개합니다. 십자가의 진리를 귀하게 여기지 않은 죄를 용서해 주시옵소서. 십자가로 말미암아 죄의 대속과 하나님과의 화목 그리고 구원을 이루신 것을 의심 없이 믿게 하시옵소서. 죄를 용서해 주심의 은혜로 예배하게 하시옵소서.

오늘의 간구. 종려주일을 맞이한 저희들은 험한 십자가에 못 박히셔서 고통과 치욕으로 창백해지신 주님의 얼굴을 보기를 원합니다. 피와 같이 붉은 죄를 씻어내시고, 흰 눈보다 더 희게 해주시려고 십

자가를 지셨던 주님을 바라보게 하시옵소서. 주님의 이름은 언제까지나 묵상해도 가슴을 뜨겁게 하시니 감사드립니다.

나라와 사회. 이 시간에, 대한민국을 움직이고 있는 위정자들을 축복합니다. 그들이 권세는 하늘로부터 온 것임을 알아 겸손하게 하시옵소서. 공적인 일을 맡고 있는 이들이 하나님 앞에서나 삶들 앞에서 선한 일꾼이 되기를 사모하게 하시옵소서. 그들이 맡겨진 일에 충직해서 잘 살아가는 나라를 만들려는 소원을 품게 하시옵소서.

지교회 공동체. 우리를 위하여 주님께서 고난을 당하셨음을 기억하면서 찬양을 드리며 경배합니다. 저희들을 죄와 멸망으로부터 구원해 주시려고 친히 십자가에 달리신 주님을 찬양합니다. 감사함으로 이 은혜의 역사를 이루신 하나님을 크시다 선포하는 교회로 받아주시옵소서.

　　↳ 이어서 사회와 국가, 교회의 상황에 하나님의 도우심을 구한다.

예배의 순서. 이 땅의 사람들에게 찾아 오셔서, 자기 백성을 찾으시는 말씀을 듣게 하심을 즐거워합니다. 하나님의 말씀을 들을 귀를 누리는 복을 받게 하시옵소서. 저희들은 그 말씀에 응답하기를 다짐합니다.
성가대원들이 준비한 찬양으로 하늘에 영광이 선포되기 원합니다. 거룩한 자리에 세워진 성가대원들이 자신들의 심령을 드릴 때, 받아주시옵소서. 그들이 드리는 믿음과 기도의 찬양, 그 아름다움으로 이 시간이 더욱 빛내지게 하시옵소서.
이 시간에, 하나님을 사랑하는 여러 지체들이 수종을 들고 있습니다. 기쁨으로 봉사하게 하시며, 그들이 혹시 피곤해도 자원하는 심령으로 섬기게 하시옵소서.

회중의 중보. 저희들에게 복음을 누리기를 원하시는 하나님의 심장을 공유하게 하시옵소서. 저희들이 구하는 것 이상으로 넘치게 하시는 하나님을 묵상할 때, 더욱 큰 소원을 부르짖는 은혜를 소망합니다. 복음을 경험함이라는 소원으로 마음이 묶여져서 간구하게 하시옵소서. 저희들에게 주신 것을 모두 드려도 감사한 마음을 주시옵소서.

연약한 지체를 위함. 이 시간에, 함께 하지 못한 ○○의 권속이 그립습니다. 육체적으로 연약해서 병이 든 지체들이 안타깝습니다. 하나님의 교회를 사랑하고, 저희들과 함께 예배하기를 즐거워했던 지체들에게 치유의 은총을 베푸셔서 어서 일으켜 주시옵소서. 병들고, 연약해진 육체를 회복시켜 주셔서 그들이 하나님께 기쁨을 드리게 하시옵소서.

결단의 간구. 주님께서 승천하시면서, 이 땅의 사람들에게 맡기신 증인의 사명을 사랑하는 저희들이 되기를 원합니다. 그리하여 하나님의 말씀을 받는 대로 순종하여 지키게 하시옵소서. ○○의 성도들은 삶의 자리에서 누구를 만나든지 예수님을 전하는 자가 되게 하시옵소서. 복음이 땅 끝까지 전해지기를 원하시는 주님의 뜻을 깨닫게 하시옵소서. 증인이 되어 생명을 구원하는 일에 헌신하게 하시옵소서.

예수님의 이름으로 기도드립니다. 아멘.

4월 2주, 9일, 부활절

고전 15:20

그러나 이제 그리스도께서 죽은 자 가운데서
다시 살아나사 잠자는 자들의 첫 열매가 되셨도다

그리스도를 다시 살려주신 하나님,

감사와 찬양. "그리스도께서 죽은 자 가운데서 다시 살아나사 잠자는 자들의 첫 열매가 되셨도다." 아멘(고전 15:20) 부활절을 맞이하게 하시니 감사합니다. 오늘, 주님께서 죽음에서 다시 살아나셨음에 영광을 드립니다. 부활하신 주님께 경배하는 시간으로 이 자리에 모인 ○○의 권속입니다. 찬양으로 주님의 부활을 기뻐하게 하시옵소서. 그 좋으신 이름 앞에 두 손을 모아 찬양을 드리니 받으옵소서.

회개와 용서. 빛과 소금이 되어 살라고 하셨으나 안타깝게도 영에 속한 삶보다는 육에 속한 것에 마음을 빼앗기고 지냈음을 고백합니다. 메스미디어의 오락 프로그램, 달콤한 세상 문화에 마음을 빼앗겨 세상의 가치관에 물들었음을 용서해 주시옵소서. 회개하는 저희들에게 무릇 지킬만한 것보다 더욱 마음을 지키는 은혜를 갖게 하시옵소서.

오늘의 간구. 부활의 첫 열매가 되어주신 주님을 경배합니다. 이 시간에, 주님을 죽은 자 가운데서 살리신 이의 영이 저희들 안에 계심을 믿습니다. 이제, 주 예수님을 죽은 자 가운데서 살려주신 하나님께서 저희들의 죽을 몸도 살려 주실 것을 믿습니다. 부활을 소망하며 지내는 ○○의 권속이 되게 하시옵소서.

나라와 사회. 우리나라의 좋은 소식이 교회에서부터 시작되게 하옵소서. 먼저, 저희들 각자가 가정이나 직장, 이웃에서 의로운 삶, 빛과 소금의 삶을 살게 하옵소서. 교회 안에서부터 초가 되어 녹아져서 환하게 밝히고, 소금이 되어 풀어져서 짠 맛을 내는 희생의 아름다움을 보게 하옵소서. 그때, 저희들의 의의 열매가 이 나라의 복으로 나타나게 하시옵소서.

지교회 공동체. 주님께서 죽음의 권세를 이기신 것처럼 저희들에게도 승리가 있기 원합니다. 예수님의 이름으로 세상의 죄악 된 일들과 싸워 이기게 하시옵소서. 주님의 부활이 저희에게 이김을 확증하오니 겁내지 말고, 마귀의 유혹을 물리치고, 저희도 승리한다는 담대함으로 나아가게 하심을 믿습니다.

↳ 이어서 사회와 국가, 교회의 상황에 하나님의 도우심을 구한다.

예배의 순서. 이제, 하나님의 말씀에 마음을 모으게 하시옵소서. 목사님을 대언자로 세우셔서 생명양식을 전하게 하심을 감사드립니다. 그 말씀으로 성경을 부지런히 배우는 삶에 도전을 받게 하시옵소서. 저희 교회를 영화롭게 하셔서 ○○성가대를 세워주시니 감사합니다. 찬양을 위해서 드려진 그들이 마음과 몸을 다하여 찬양할 때, 하나님의 은혜를 체험하는 복된 자리로 인도해 주시옵소서. 오늘도 많은 이들 가운데 예배를 위한 봉사자들이 순종함으로 하나님께 영광을 드리고 있으니 복된 봉사가 되게 하시옵소서. 오직 하나님께 영광을 드림이 되게 하시옵소서.

회중의 중보. 오늘, 주님의 부활은 지옥의 세력을 깨뜨린 놀라운 사건이었습니다. 주님께서 우리 대신에 지옥으로 내려가신, 우리 대신에 저주를 당하시므로 지옥의 저주를 도말하셨습니다. 부활하신 주님을 나의 주님으로 고백하는 저희들에게 지옥의 세력을 이기는 복을 누리게 하시옵소서.

연약한 지체를 위함. 이 백성에게 평안의 복을 내려주시옵소서. 수고하고 무거운 짐을 지고 나온 성도들에게 쉼을 주시옵소서. 하나님과의 화평을 주시옵소서. 심령을 치유하시고, 삶을 강건케 하여 주시옵소서. 고통 중에 있는 성도들에게 용기를 주시옵소서. 연단 중에 있는 성도들에게 인내하도록 은혜를 더하여 주시옵소서.

결단의 간구. 저희들은 믿음의 눈으로 부활의 주님을 보았으니, ○○의 성도들이 하나님께 쓰임을 받기 위해서 자신을 내려놓게 하시옵소서. 낮은 자리로 내려가게 하시며, 힘을 다하여 하나님의 말씀을 이루어드리는 아멘의 생활로 인도해주시옵소서. 깨우쳐 주시는 말씀으로 새 교훈을 받게 하시고, 묵상하는 저희들이 되게 하시옵소서.

예수님의 이름으로 기도드립니다. 아멘.

4월 3주, 16일, 국민안전의날, 목 장애인의날

행 2:32

이 예수를 하나님이 살리신지라
우리가 다 이 일에 증인이로다

예수의 증인 되라 하시는 하나님,

감사와 찬양. 주일을 누리게 하신 그 한이 없으신 사랑에 감사를 드립니다. 허물과 죄로 죽었던 저희를 예수님의 십자가의 공로로 살려주심에 감사드립니다. 이 자리에 모인 형제들 그리고 자매들이 하나님을 영화롭게 해드리는 예배가 되도록 강권해주시옵소서. 저희들의 예배로 영광을 받으시기를 소원합니다.

회개와 용서. 하나님은 예배하는 저희들에게 사랑이십니다. 주님 앞에서 겸손하게 사랑의 응답을 바치도록 해 주시옵소서. 매일의 삶의 현장에서 하나님을 모시지 않았던 교만함을 용서해 주시옵소서. 하나님을 생각하면 도리어 불편했던 저희들이었습니다. 죄의 습관을 버리지 못하고, 그 익숙함에 또 다시 죄를 지음을 용서해 주시옵소서.

오늘의 간구. 오늘, 저희들은 예배하는 중에, 장애인들을 사랑하고 있는 저희들 자신을 보기 원합니다. 다른 사람의 도움이 없이는 살아가기 힘든 고아와 과부를 돌아보시는 하나님을 저희는 알고 있습니다. 자비로우신 하나님께서 장애인들을 특별히 아끼시는 것을 깨

답습니다. 장애인들을 섬기고, 그들과 더불어 지내게 하시옵소서.

나라와 사회. 하나님은 우리 민족, 대한민국에 소망이 되어 주신다고 믿습니다. 여호와께서 주신 이 땅, 이 민족 한국이 사는 길은 의인들의 수가 많아지는 데 있는 줄 알게 하시옵소서. 지난날의 전쟁에 대하여 누구의 탓을 하지 말고, 하나님 앞에서 새롭게 살려는 다짐이 이 민족에게 부흥의 불길처럼 번지도록 인도해 주시옵소서.

지교회 공동체. 지금, 충성을 소원하는 이 한 마디의 간구가 하나님의 뜻을 이루어드리는 요청이 되기를 빕니다. ○○의 권속에게 충성에 대한 비전을 주시며 하나님의 영광을 구하게 하셨음을 믿습니다. 우리 ○○ 교회가 성도들의 충성으로 세상을 사랑하시는 하나님의 사랑을 더욱 드러내게 하시옵소서.

↳ 이어서 사회와 국가, 교회의 상황에 하나님의 도우심을 구한다.

예배의 순서. 주님의 피로 세워주신 ○○ 교회와 양떼를 위하여 목사님을 보내주셨음에 감사합니다. 목사님께서 저희들을 위하여 설교 준비를 하시고, 성령님의 감동하심으로 교회를 인도하게 하시옵소서.

성가대원들이 찬양을 준비했습니다. 찬송의 노래와 함께 저들을 받아 주시옵소서. 귀한 지체들이 영과 진리 안에서 마음과 뜻을 다해서 드려지는 찬양이 되게 하여 주시옵소서.

예배가 진행되는 동안에, 부름을 받은 자리에서 섬기는 종들, 그들에게도 기름을 부어 주시옵소서.

회중의 중보. 주님께서 죽음의 권세를 이기신 것처럼 저희들에게도 승리가 있기 원합니다. 예수님의 이름으로 세상의 죄악 된 일들과 싸워 이기게 하시옵소서. 주님의 부활이 저희에게 이김을 확증하오니 저희도 승리한다는 담대함으로 나아가게 하심을 믿습니다. 저희들이 살아가고 있는 삶의 현장에서 선교적인 사명을 갖고 임하게 하시옵소서. 세상을 이기신 주님이 이름으로 복음을 증거하게 하시옵소서.

연약한 지체를 위함. 육신의 연약함과 지병으로 말미암아 고통에 처해 있는 이들이 있어 심히 안타깝습니다. 회중석의 자리를 함께 하면서 믿음과 소망으로 지내던 이들이 병상에서 눈물을 흘리고 있습니다. 몸이 병들었을 때, 즉시 일어날 것으로 기대했지만 벌써 오랜 시간을 신음하고 있습니다. 하나님께서 천사들을 그들 각 사람에게 보내어 주시옵소서. 사랑하는 권속을 어서 치료해 주시옵소서.

결단의 간구. 주님과 연합하여 각 지체를 이루어 헌신하고 충성하기를 소원합니다. 저희들의 열심에, 교회가 날마다 부흥되게 하시고, 저희들의 전도가 열매가 되어 구원받은 사람들이 날마다 늘어나게 하여 주시옵소서. 저희들의 수고와 성령의 역사하심으로 늘 승리하는 예배가 있는 교회가 되어, 더욱 든든하게 세워지게 하시옵소서.

　　　　　　　　예수님의 이름으로 기도드립니다. 아멘.

4월 4주, 23일, 화 법의날

고전 15:2
너희가 만일 내가 전한 그 말을 굳게 지키고 헛되이
믿지 아니하였으면 그로 말미암아 구원을 받으리라

굳게 지키라 하시는 하나님,

감사와 찬양. "하나님 곧 우리 아버지께 세세 무궁하도록 영광을 돌릴지어다." 아멘(빌 4:20) 예배하는 시간을 구별하여 여기에 모인 ○○의 권속을 기억하여 주시옵소서. 온 성도들이 하나님께서 받으시기에 합당한 예배를 드리기에 부족함이 없게 하여 주시옵소서. 하나님을 사랑하는 한 마음으로 부복할 때, 주님의 영광이 영원하기를 소망합니다. 성삼위 하나님, 홀로 영광이 되시옵소서.

회개와 용서. 하나님의 은총으로 매일, 매일을 지냈건만 주님의 삶을 묵상하지 못하고 자신의 생각과 일에 분주했음을 회개합니다. 이에, 하나님께 구할 오직 한 가지 일이 있으니 여호와의 너그러우심으로 용서해 주시옵소서. 오늘부터 우리의 속죄를 위해 자신을 내어주신 주님의 희생과 고난을 당하셨음에 대하여 묵상하게 하시옵소서.

오늘의 간구. 주님께서 죽음의 권세를 이기셨던 것처럼 저희들에게도 승리가 있기 원합니다. 예수님의 이름으로 세상의 죄악 된 일들과 싸워 이기게 하시옵소서. 주님의 부활이 저희에게 이김을 확증하오니 겁내지 말고, 마귀의 유혹을 물리치고, 저희도 승리한다는 담대함으로 나아가게 하심을 믿습니다.

나라와 사회. 우리나라에 복을 주셔서 백성들은 평안하고, 모두가 즐겁게 지내왔음을 고백합니다. 하나님께서 사랑하시는 나라, 여호와의 손으로 만져주시는 나라로 금년에도 복을 내려 주옵소서. 금년에는 이 나라에 속한 모든 이들이 범사가 잘 되고 강건하여 하나님께 영광을 드리게 하옵소서. 하나님을 즐거워하고, 여호와의 인도하심을 소망하게 하시옵소서.

지교회 공동체. 저희들을 위해서 희생 제물이 되신 예수님을 찬양합니다. 그리스도의 보혈로 씻음을 받고, 주님 앞으로 나왔습니다. 주님의 긍휼히 여기시는 은혜로 거듭났사오니 영광을 드립니다. 오늘도 예수님의 보혈로 씻어 주시고, 주님을 찬양하도록 교회로 모으신 은혜에 감사합니다. 하나님께서 받으심에 마땅한 경배를 드리게 하시옵소서.

↳ 이어서 사회와 국가, 교회의 상황에 하나님의 도우심을 구한다.

예배의 순서. 목사님을 붙드셔서 ○○교회의 권속에게 하나님의 말씀을 대언하시도록 축복합니다. 오늘의 말씀이 저희들의 심령을 새롭게 하여 하나님의 사랑으로 자라는 삶을 원하는 결단이 되게 하옵소서.
○○성가대원들이 예배하는 회중을 대표해서 하나님의 영광을 찬양하게 하옵소서. 귀한 지체들이 몸을 드려 준비한 찬양이 이 자리를 하나님의 영광으로 가득하게 하옵소서.
저희들이 경건을 다해 예배하는 동안에 몸을 다 드려서 섬기는 이들이 있음에 즐거워하며 그들을 축복합니다. 봉사를 맡은 이들에게 감사함으로 나아가게 하시옵소서.

회중의 중보. 저희들의 영혼과 육체를 주님께 드립니다. 저희들의 가슴과 머리를 주님의 뜻으로 채워 주시옵소서. ○○교회의 권속이 주님을 향한 사랑으로 가득 차게 하심을 믿습니다. 이로써, 저희들의 참 기쁨이 주님이게 하시옵소서. 교회로 말미암아 무엇에든지 주님의 거룩하신 뜻이 드러나게 하시옵소서.

연약한 지체를 위함. 하나님의 자비로우심으로 ○○의 지체들에게 성도답게 살도록 인도해 주시옵소서. 저희들은 비록 가난하고, 병든 육체를 갖고 살아도, 하늘의 하나님을 바라보게 하시옵소서. 저희 교회에 속한 지체들이 한 결 같이 주님의 뜻대로 사는 종들이 되기를 소망합니다. 저희들에게 새롭게 지어짐을 경험하게 하시옵소서.

결단의 간구. 사랑하는 지체는 예배의 성공자가 되기를 원합니다. 예배의 순서에 따라 은혜를 받게 하시옵소서. 세상에 대하여 끊을 것을 끊고, 버릴 것을 버리는 결단을 경험하게 해주시옵소서. 신앙적인 연약함을 합리화 시키지 않으며, 세상의 기준을 버리고, 주님을 푯대로 삼아 하나님의 기뻐하시고 온전하신 뜻이 무엇인지를 실천하게 하시옵소서.

예수님의 이름으로 기도드립니다. 아멘

4월 5주, 30일, 🈷 근로자의날, 🈯 어린이날, 🈁 입하

느 9:6(상)

오직 주는 여호와시라 하늘과 하늘들의 하늘과 일월 성신과 땅과
땅 위의 만물과 바다와 그 가운데 모든 것을 지으시고

오직 여호와이신 하나님,

감사와 찬양. 하나님 앞에서 존귀한 ○○의 지체들, "오라 우리가 여호와께로 돌아가자." 하여 이렇게 나왔습니다. 돌이켜보니, 지난날 하나님을 잊고 지내던 저희들이었습니다. 이 시간에, 예배하면서 우리를 찢으셨으나 도로 낫게 하실 것이요 우리를 치셨으나 싸매어 주실 하나님을 경험하게 하시옵소서.

회개와 용서. 저희들은 삶의 현장에서 예수님이 주님이 되심을 인정해 드리는데 부족했음을 회개합니다. 종교적으로만 예수님을 구주로 시인했을 뿐, 생활의 자리에서는 저희들 자신이 주인이 되어서 자행자지했음을 고백합니다. 저희들의 행위를 조심하여 죄를 짓지 않도록 했어야 하였건만 불의를 일삼으며 살아왔음을 용서해 주시옵소서.

오늘의 간구. 주님의 또 다른 모습으로 ○○교회가 이 지역에 있어, 세상을 섬기도록 하셨음에 감사드립니다. 교회 주변에 있는 가난하고, 병든 이들을 섬기게 하옵소서. 삼위일체 하나님의 긍휼을 전하는 손길이 되어 위로하게 하옵소서. 사회봉사에 더욱 자원하게

하옵소서. 교회에서 관리하는 사회봉사 사역에도 더욱 헌신하게 하시기를 원합니다.

나라와 사회. 사회적으로 경기가 좋지 않고, 사업의 환경이 어려워지고 있습니다. 경기가 좋아야 하는데, 여러 곳에서 곤두박질을 치는 지표를 보게 합니다. 뜻하지 않은 어려움이 갑작스럽게 닥쳐와서 어찌할 바를 알지 못하고 혼란 중에 있는 지체들을 보아 주시옵소서. 저들에게 어려움을 견디는 인내를 허락하시고, 넉넉히 이기게 하시옵소서.

지교회 공동체. 저희 교회의 각 기관들이 활성화되어 부흥케 하시고 성결운동으로 세상에 본이 되게 하여 주시기를 원합니다. 영혼구령을 위해 세우신 주의 교회를 기억하게 하시옵소서. 저희 교회가 부흥케 하시며, 말씀으로 충만케 하시고, 기도로 하늘 문을 열며, 헌신으로 주님께 인정받게 하여 주시옵소서.

↳ 이어서 사회와 국가, 교회의 상황에 하나님의 도우심을 구한다.

예배의 순서. ○○의 회중을 위해서 목사님을 단에 세워 주셨으니, 대언의 영으로 충만하게 하시옵소서. 하나님께 속한 자는 하나님의 말씀을 듣는다고 하셨습니다. 그 말씀에 저희들은 하나님께 순전해지게 하시옵소서.

예배를 위하여 찬양으로 구별된 ○○성가대원들에게도 찬송의 영으로 충만하게 하시옵소서. 그들이 먼저 영광을 드리게 하시옵소서. 온 교회가 찬양을 드리는 예배로 이 시간을 드리게 하시옵소서.

오늘의 예배를 위하여 여러 자리에서, 여러 모양으로 섬기는 종들을 세워주셨습니다. 그들이 봉사와 섬김으로 먼저 은혜를 누리게 하시옵소서.

회중의 중보. 성도들 각 사람이 성장을 사모하며 기도해오고 있음에 감사드립니다. 이제는 성장을 자신의 것으로 삼기 위해서 구체적으로 노력하게 하시옵소서. ○○의 권속이 하나님께서 원하시는 온전함에로 달려가게 하시며, 섬겨야 할 것은 무엇인지를 깨닫게 하시옵소서.

연약한 지체를 위함. 이 시간에, 선포되는 주님의 말씀이 저희를 비추는 거울이 되어 우리의 흐트러진 모습을 발견하게 해주시기를 원합니다. 사랑하는 ○○의 지체들이 신앙으로 바로 서게 하옵소서. 병들어 고통당하는 성도에게는 치료의 역사가 나타내어 주시옵소서. 우리 모두에게 복된 시간이기를 원합니다.

결단의 간구. 저희들이 예수님을 더 깊이 알고 체험하기 위하여 구원의 길이 된 주님의 십자가를 주목하게 하시옵소서. 성령님께서 십자가의 은혜로 생명의 진리를 우리에게 계시해 주실 줄로 믿습니다. 예수님의 죽으심이 죄인이었던 우리를 위한 대속의 죽음이셨음을 확신하게 하시옵소서. 십자가의 보혈만이 저희들에게 능력이 됨을 고백하게 하시옵소서.

예수님의 이름으로 기도드립니다. 아멘.

5월 1주, 7일, 어린이주일, 🌷 어버이날, 🗳 유권자의날

마 18:3

이르시되 진실로 너희에게 이르노니 너희가 돌이켜 어린 아이들과 같이 되지 아니하면 결단코 천국에 들어가지 못하리라

어린 아이들과 같이 되라 하시는 하나님,

감사와 찬양. "내가 주의 성전을 향하여 예배하며 주의 인자하심과 성실하심으로 말미암아 주의 이름에 감사하오리니." 아멘(시 138:2) 여호와의 성일에 이 날을 지키려고 주의 자녀들이 모여왔습니다. 오늘을 어린이 주일로 지키려고 이른 새벽부터 주님의 전으로 나왔습니다. 하나님께서 예배를 받으시는 성소에서 여호와를 송축하게 하시옵소서.

회개와 용서. 자녀들에게 신앙의 본이 되지 못하였던 지난 시간들을 고백합니다. 자녀들에게 하나님을 섬기고 신뢰하는 믿음을 우선으로 가르치지 않았던 죄를 용서해 주시옵소서. 자녀들에게 믿음의 유산을 남기겠습니다. 아이들이 하나님의 백성으로 세워지기에 부족함이 없도록 인도해주시옵소서. 하나님의 거룩하심처럼 거룩하게 하시옵소서.

오늘의 간구. 어린이들을 보면서 하늘나라에 들어갈 것을 소망하게 하시고, 그들을 보면서 주님을 영접하게 하심에 감사드립니다. 저희들에게 어린 아이들의 심령을 갖고 살아가도록 하시옵소서. 주

님께서 어린이와 같이 되라 하심은 그들의 순수함과 단순, 정직함을 지나라 하심인 줄 믿습니다. 주님의 피로 저희들의 가슴을 적셔주시옵소서.

나라와 사회. 우리 민족을 사랑하셔서 복음의 빛을 비춰 주시고 복 받는 민족이 되게 해주시니 감사합니다. 하나님의 은혜를 받는 백성으로서 하나님께 영광을 돌릴 수 있도록 하여 주시옵소서. 우리나라가 세계 열방 가운데 하나님의 뜻을 드러내게 해주시고, 위정자로부터 모든 백성에 이르기까지 하나님을 경외하며 섬기게 하여 주시옵소서.

지교회 공동체. 저희들의 가정에, 저희 ○○교회에 어린이들이 있게 하심을 즐거워합니다. 그리스도의 이름으로 어린이를 영접하여 그들이 자라도록 돕게 하시니 감사합니다. 가정이라는 울타리에서 키가 자라고 지혜가 자라게 하시고, 교회에서는 하나님에 대하여 자라게 하셨습니다. 가정교회와 회중교회의 은혜 안에서 자녀들을 키워 주시옵소서.

↳ 이어서 사회와 국가, 교회의 상황에 하나님의 도우심을 구한다.

예배의 순서. 오늘, 하나님의 말씀으로 저희들을 위로해 주시옵소서. 교훈과 견책의 말씀을 받게 하시옵소서. 설교를 위하여 단 위에 세우신 목사님께는 영육간의 강건함을 주시옵소서. 말씀을 전하실 때 능력 있는 말씀 되게 하시옵소서.

하나님의 위대하심을 선포하는 ○○ 성가대원들을 보아주옵소서. 그들이 신령과 진정의 예배와 하나님을 영화롭게 해드리는 음악으로 어우러진 기도의 찬양을 드리기를 소망합니다.

오늘도 자원하는 심정을 가지고, 맡은 자리에서 예배의 진행을 돕는 손길들에게 은혜를 더하여 주시옵소서.

회중의 중보. 어린아이들과 같이 되지 아니하면 천국에 들어갈 수도 없다고 하셨습니다. 이 시간에, 어린아이의 순수한 믿음을 갖게 해주옵소서. 어린아이의 순수한 소원을 갖게 해주시옵소서. 어린아이의 순수한 사랑을 갖게 해주시옵소서. 주님께서는 불순하게 된 우리들을 다시 어린아이의 순수함으로 돌려주심을 믿습니다.

연약한 지체를 위함. 오늘, 질병에 걸려 눈물을 흘리고 있는 이들을 기억합니다. 하나님께서 그들에게로 오셔서 손을 내밀어 주시옵소서. 여호와께서 그들의 간구함을 들으시고 그들을 고쳐 주시옵소서. 그들이 질병의 두려움으로 말미암아 낙심하지 말게 하시옵소서. 예전과 같이 건강함을 되찾아 주님의 일에 더욱 정진할 수 있도록 은총을 베풀어 주시옵소서.

결단의 간구. ○○의 성도들에게 우리 가정에 아버지가 되어주시는 하나님을 전하게 하시옵소서. 주님의 사랑으로 믿지 않는 이웃에게 복음을 전할 수 있는 새 힘을 허락하시고, 저희의 손과 발로 하는 사랑을 실천할 수 있도록 능력을 주시옵소서. 저희로 하나님 사랑의 증거가 되게 하시며 저희의 삶 속에서 역사 하시는 하나님을 증거할 수 있는 믿음을 허락하여 주시옵소서.

예수님의 이름으로 기도드립니다. 아멘.

5월 2주 14일, 어버이주일, 성년의날, 5.18민주화운동기념일

잠 23:22

너를 낳은 아비에게 청종하고 네 늙은 어미를
경히 여기지 말지니라

부모를 존경하라 하시는 하나님,

감사와 찬양. "이러므로 여호와여 내가 모든 민족 중에서 주께 감사하며 주의 이름을 찬양하리이다." 아멘(삼하 22:50) 주를 기뻐하고 즐거워하는 ○○의 지체들이 여호와의 이름으로 나아갑니다. 성소에 모인 저희들에게 지존하신 주의 이름을 찬송하게 하시옵소서. 여호와를 두려워하는 백성들로 입을 벌려 찬송하게 하시옵소서. 하나님을 사모하며, 경외하는 저희들에게서 영광을 취하시옵소서.

회개와 용서. 죄를 고백할 때 용서해 주시옵소서. 돌이켜 보건대, 하나님의 말씀을 버리고, 더 채우려는 욕심으로 분주했던 죄를 용서해 주시옵소서. 오늘은 부모님께 효도를 다하는 것을 잊고 살아온 죄를 용서해 주시기 원합니다. 날마다 소망해야 할 것은 부모님을 기쁘시게 해드림인데, 자신의 유익에만 매달려 살아온 죄를 용서해 주시옵소서.

오늘의 간구. 이 땅의 많은 어버이들이 가정과 자녀들을 위하여 땀 흘리며 수고하는 것을 아실 줄 믿사오니 주님께서 복을 내려 주시옵소서. 어버이들의 믿음이 반석위에 세워져 자녀들을 믿음과 기도

로 키우게 하시고 모든 삶을 주님의 인도하심에 따라 살게 하시옵소서. 이 땅의 가정들이 회복되고 아름답게 성숙되기를 원합니다, 모든 가정들이 사랑의 띠로 하나가 되어 서로 사랑하고 인내하며 돕게 하시옵소서.

나라와 사회. 우리 민족을 사랑하시고, 위하시는 하나님의 이름을 높여 드립니다. 우리 민족을 붙드시고, 이 지구상에서 아름다운 국가로 빼어나게 하신 여호와의 손길을 찬양합니다. 나라를 사랑하는 아름다움으로 말미암아 하나님의 이름은 기려지기를 원합니다. 이 시간에 하나님의 백성들이 송축하게 하옵소서. 모든 영광을 드리게 하시옵소서.

지교회 공동체. 어버이 주일에 하늘 어버이이신 여호와께 감사하고, 육신의 부모가 계셨음에 찬미의 제사를 드리게 하시옵소서. 하나님은 좋으신 아버지시라 우리를 지켜주시되, 육신의 부모에 의해서 이만큼 살게 하셨습니다. 예배하면서 부모에게 공경하기를 다짐하게 하시옵소서.

　　↳이어서 사회와 국가, 교회의 상황에 하나님의 도우심을 구한다.

예배의 순서. 저희들의 마음을 모아 강대상으로 향합니다. 말씀을 전하실 목사님께서 예비하신 복음을 선포하도록 하시옵소서. 하나님의 말씀에 저희들 모두 아멘으로 대답하게 하시옵소서.
우리 교회에 ○○성가대를 세워주셔서 하나님의 영광을 선포하게 하셨습니다. 그들, 한 사람, 한 사람이 아름다운 찬양이 있는 예배로 하나님을 영화롭게 해드리며 찬송의 능력을 체험하게 하시옵소서.

이른 시간에 나와서 예배를 돕는 지체들이 있습니다. 몸을 드리는 직분에 선택된 이들이 제물이 되게 하시옵소서. 저들의 봉사를 하나님은 받으시고 복을 내려 주시옵소서.

회중의 중보. 저희들에게 어버이를 주셔서 그들의 사랑으로 성장하게 하시니 감사합니다. 어버이주일에 하늘 어버이이신 여호와께 감사하고, 육신의 부모가 계셨음에 찬미의 제사를 드리게 하옵소서. 하나님은 좋으신 아버지시라 우리를 지켜주시되, 육신의 부모에 의해서 이만큼 살게 하셨습니다. 부모에게 공경하기를 다짐하게 하시옵소서. 저희들이 어버이를 더 공경하고 잘 모심으로써 거룩한 후손이 되게 하시옵소서.

연약한 지체를 위함. 저희들의 마음을 안타깝게 하는 환자들을 위하여 간구합니다. 질병에 걸려서 고통 중에 있는 지체들과 노환으로 힘든 시간을 보내고 있는 어르신들에게 치유의 은혜를 내려 주시옵소서. 성령님께서 그들 각자를 어루만져 주시고, 아픔을 고쳐 주시옵소서.

결단의 간구. 오늘, 교회는 우리와 함께 한 지역사회의 교회가 되기를 원합니다. 저희들의 공동체는 가난한 이웃들과 외로운 이들에게 하나님의 말씀을 나누는 교회가 되기를 간구합니다. 어두워 가는 사회에 희망을 주게 하여 주시옵소서. 성경을 나누어주는 일에 열심을 더하게 하시며, 구제하면서도 복음을 망각하지 않게 하시옵소서.

예수님의 이름으로 기도드립니다. 아멘.

5월 3주, 21일, 부부의날

시 8:1

여호와 우리 주여 주의 이름이 온 땅에 어찌 그리
아름다운지요 주의 영광이 하늘을 덮었나이다

주의 이름을 아름답게 하신 하나님,

감사와 찬양. 이달에는 저희들의 가정에 주목해 주시는 하나님께 영광을 드리게 하십니다. 예배로 모인 ○○의 지체들로부터 영광을 취하시옵소서. 저희들에게 하나님의 영광을 구하는 것이 제일의 소원이 되게 하시옵소서. 오늘의 예배 모임 위에 크신 복을 내려 주시어 향기로운 제사가 되기를 원합니다. 저희들의 작은 손을 모아 놀라우신 하나님께 찬미의 시간을 드리게 하시옵소서.

회개와 용서. 거룩하기를 원하였고, 하나님께 의롭기를 원하였지만 그것이 죄를 짓게 하였던 것을 회개합니다. 하나님의 인도하심에 주목하지 못하고, 자신의 의에 빠져 지냈던 죄를 고백합니다. 죄악에 대하여 무감각 하였던 지난 삶을 회개하니 용서해 주시옵소서. 애통하는 심령과 결단의 눈물을 가지고 하나님께 무릎 꿇겠습니다. 하나님의 구하시는 제사는 상한 심령이라는 것을 잊지 않게 하시옵소서.

오늘의 간구. 하나님의 예정과 섭리로 남녀가 만나 부부가 되게 하셨다고 믿습니다. 이제, 주 안에서 부부가 된 이들이 가정교회를 선물로 받아 누리게 하셨으며, 자녀들이 함께 공동체가 된 것에 감사합니다. 우리가 부부가 되고, 부모가 된 것은 하나님의 섭리라고 깨달으며 감사하게 하시옵소서. 저희들의 가정에서 교회를 세워 나가게 하시옵소서.

나라와 사회. 가난한 이들과 함께 하시는 여호와의 이름을 높여드리게 하시옵소서. 곤란 중에 있는 이들에게 마음을 나누게 하시고, 여호와의 도우심으로 서로 섬기게 하시는 주님의 이름을 찬송합니다. 어렵게 지내는 지체들을 섬기며, 주신 것들을 공유하게 하시옵소서. 성도들이 개인적으로 주머니를 열어 사회봉사를 위해 사용하도록 하시옵소서.

지교회 공동체. 주님의 삶을 본받고 따르는 ○○교회가 되어 세상을 정화시키는 소금의 역할을 감당하게 하시옵소서. 믿음과 소망과 사랑으로 가득차서 하나님을 경외하고 이웃을 사랑하게 하시옵소서. 성도의 삶으로 인도하시고, 세상을 이길 수 있는 힘을 내려 주시옵소서.

↳ 이어서 사회와 국가, 교회의 상황에 하나님의 도우심을 구한다.

예배의 순서. 주님의 귀한 교회를 위해서 세우신 목사님께서 전하시는 생명의 말씀으로 저희를 새롭게 하시옵소서. 말씀을 전하시는 목사님께 갑절의 영감으로 역사하시옵소서. 진리의 말씀에 하나님은 영광을 받으시고, 저희들은 더욱 겸손히 무릎을 꿇게 하시옵소서.

찬양을 위하여 부름을 받은 성가대원들에게는 하나님께서 받으실 목소리를 내게 하시옵소서. 저들이 찬양할 때, 여호와의 영광이 넘치게 하시옵소서. 하나님께서 받으셔야 될 영광을 취하시옵소서.
예배의 순서를 맡은 종들과 주일을 성수하는 교회를 위하여 봉사하는 일꾼들에게도 감격함으로 섬기게 하시옵소서.

회중의 중보. 충성을 위하여 간구합니다. 성령님께서 우리 교우들 각 사람에게 주신 은사가 있음에 감사드립니다. ○○의 지체들에게 은사를 통해서 충성으로 봉사하게 하시옵소서. 교회에 봉사하도록 주신 은사를 ○○교회의 성장을 위하여 사용하게 하시옵소서. 저희들이 은사를 통해서 주님의 교회를 위하여 일할 때 행복해지기를 빕니다.

연약한 지체를 위함. 지금은, 하나님께서 불쌍히 여기시는 그 자비하심에 호소합니다. 저희들과 함께 예배하고 싶어도 병들어서 이곳에 오지 못한 이들이 있습니다. 귀신 들려서 눈이 멀고, 말 못하는 사람을 고쳐 주셨던 예수님께서 그들에게 찾아가 주시기를 빕니다. 우리 모두가 지체들의 고통에 동참하여 함께 눈물을 흘리니 불쌍히 여겨 주시옵소서.

결단의 간구. 주님의 십자가에서 우리가 주님의 죽으심에 연합한 자가 되게 하셨음을 기억합니다. 주님께서 십자가에서 죄에 대해서 죽으셨으므로 우리 또한 죄에 대하여 죽은 자로 여기게 하셨음에 감사하게 하시옵소서. 십자가로 말미암아 주님 안에서 산 자로 여기게 되었음에 감격하게 하시옵소서.

예수님의 이름으로 기도드립니다. 아멘.

5월 4주, 28일, 성령강림절, ☼ 바다의날

계 19:4

또 이십사 장로와 네 생물이 엎드려 보좌에 앉으신
하나님께 경배하여 이르되 아멘 할렐루야 하니

아멘 할렐루야의 하나님,

감사와 찬양. "너희 이스라엘 모든 자손이여 그를 경외할지어다."(시 22:23)라고 하시니 감사합니다. 저희들에게 성령님을 보내주신 하나님께 찬양을 올려드립니다. 저희들이 어떤 모습으로 살아왔든지 교회 안에서 한 공동체를 이루게 하시고, 하나님의 은혜를 사모하며, 예배하게 해주시옵소서. 주님을 영화롭게 해드리는 시간에, 하늘의 천군과 천사들도 찬양을 하고, 저희들에게는 은혜를 내려 주시옵소서.

회개와 용서. 저희들의 모습은 주님께 영광이 되지 못해 회개합니다. 여호와를 찬양하는 삶을 사는데 게을렀고, 고의적으로 순종하지 않은 죄를 용서해 주시옵소서. 오늘, 성령강림절에 저희들에게도 성령의 충만함이 있기 원합니다. 저희들도 성령님의 말하게 하심대로 말하게 하시옵소서. 오직, 성령님께 주목함으로 지내게 하시옵소서.

오늘의 간구. 저희들의 심령을 성령님으로 채워주시옵소서. 그리하여 죄를 거절하고, 온갖 탐욕을 물리치며, 사탄을 대적하게 하시옵소서. 하나님을 바라고 섬길 수 있은 귀한 믿음을 허락하시고, 십자가 신앙으로 강하게 무장함으로써 마귀의 궤계를 능히 물리칠 수 있도록 하여 주시옵소서. 이 시대를 정복하는 십자가의 군병이 되게 하옵소서.

나라와 사회. 우리 교회가 속해 있는 지역사회를 위해서 간구합니다. 성령강림의 역사하심이 교회를 통해서 이 지역에 나타나기를 사모합니다. 하나님께서 구원하시기로 작정하신 이들이 저희 교회를 통해서 돌아오는 역사를 보게 하시옵소서. 교회가 성령님께 충만해서 지역의 파수꾼이 되기를 소망합니다.

지교회 공동체. 주의 몸 된 교회를 위해서 기도합니다. 주님의 이름으로 모인 공동체인 교회가 삼위일체의 하나님이 임재하시는 거룩한 처소가 되게 하시며, 온 성도들이 주님의 사랑 안에서 주님의 뜻을 따라 참 신앙인의 본분을 잘 감당하는 복된 성도가 되게 하여 주시옵소서.

↳ 이어서 사회와 국가, 교회의 상황에 하나님의 도우심을 구한다.

예배의 순서. 이제, 목사님께 말씀의 능력을 더하셔서 하나님의 음성을 전하시도록 인도해 주시옵소서. 말씀을 받을 때, 하나님의 도는 완전하고 여호와의 말씀은 진실함을 확신하게 하시옵소서.
이 시간을 영화롭게 하려고 ○○성가대원들에게 열심을 다하여 찬양을 준비시켜 주셨습니다. 대원들 한 사람, 한 사람이 하나님께 드리는 제물이 되어 하나님의 영광을 선포하게 하시옵소서.
오늘도 귀한 지체가 예배를 위하여 봉사합니다. 성도들의 출입을 위한 안내와 질서의 유지, 여러 시설들의 관리 등, 참으로 몸을 드려 수고하고 있습니다. 그들에게 더욱 큰 은혜를 내려주시옵소서.

회중의 중보. 성령님의 임재로 열매를 맺게 하심에 감사드립니다. 성령님께서 세상에 오셨음을 찬송하며 예배할 때, 열매를 맺는 소원에 불타게 하시옵소서. 열매를 맺음을 사모하고, 성령님의 능력으로 착한 행실에 힘을 쓰게 하시니 감사드립니다. ○○교회 안에서 자신의 역할에 최선을 다함으로써 성령의 열매를 풍성하게 맺게 하시옵소서.

연약한 지체를 위함. 하나님의 자비로우심에 의지합니다. 이 시간에도 몸이 늙어서 병들어 집이나 병원에서 홀로 있는 이들이 있으니 도와주옵소서. 회복하게 하시는 여호와의 만져주심으로 구원해 주옵소서. 병든 이들에게는 아픈 부위를 낫게 하시고, 쇠약해진 노인들에게는 남은 생애를 주 안에서 보내도록 해주시옵소서.

결단의 간구. 주님의 피 묻은 십자가를 언제나 사랑하게 하시고, 주님께서 받으셨던 고난의 쓴잔을 이제 저희가 받게 하여 주시옵소서. 주님의 사랑을 기억하며 다른 이들의 가슴에도 주님의 사랑을 심을 수 있도록 축복하여 주시옵소서. 생명과 자유를 주신 주님을 함께 찬양할 수 있는 교회가 되게 하여 주시옵소서.

예수님의 이름으로 기도드립니다. 아멘.

2023 6

6월 1주, 4일, 삼위일체주일, ㉻ 현충일, ㉠ 6.10민주항쟁기념일

시 63:2

내가 주의 권능과 영광을 보기 위하여
이와 같이 성소에서 주를 바라보았나이다

권능과 영광을 보여 주시는 하나님,

감사와 찬양. "오호라 너희 모든 목마른 자들아 물로 나아오라 돈 없는 자도 오라." 아멘(사 55:1) ○○의 지체들이 주일을 기억하여 거룩하게 지키려고 모였습니다. 영원히 멸망당할 수밖에 없었던 저희들이 예배하는 백성이 되게 하셨음을 감사드립니다. 머리를 숙인 저희들에게 하나님의 집을 귀히 여기게 하셨음에 감사하며, 성삼위 하나님의 이름에 합당한 영광을 드리게 하시옵소서.

회개와 용서. 자기 백성에게 베푸시는 은혜가 풍성하심에도 그 사랑에 민감하지 못하고, 아직 가지지 못한 것들에만 눈을 고정시킨 죄를 고백합니다. 하나님께서 저희들에게 있어야 할 것을 아시고, 필요에 따라 넉넉히 채워주시고, 부요하게 하셨음을 잊은 죄를 회개하니 용서해 주시옵소서. 주님의 보혈로 깨끗이 씻음을 받게 하시옵소서.

오늘의 간구. 이 민족의 아픔을 기억하는 6월에, 여호와는 우리의 주가 되심을 고백하며 예배합니다. 곧 현충일을 맞이합니다. 하나님께서 복되게 구별해주신 아침에 하나님께 영광을 드리면서 나라를

구하려고 자기 목숨을 초개처럼 버린 이들을 생각합니다. 가족 중의 한 사람을 이 나라에 내어준 유족들을 기억하면서 예배할 때, 하나님이여 영광을 받아주시옵소서.

나라와 사회. 이 나라의 역사에는 피 흘리는 사건들이 많았습니다. 겨레를 위하여, 자신의 목숨을 버린 역사를 갖고 있습니다. 그 피 흘림의 역사를 통해서 민족을 보호하셨던 하나님의 은혜를 기억하게 하시옵소서. 조국을 위하여 불의와 싸우다 자신의 목숨을 바친 이들을 따르게 하시옵소서. 나라를 사랑하고, 민족을 위해서 기도하게 하시옵소서.

지교회 공동체. ○○교회의 부흥을 소원하여 간구합니다. 사랑하는 권속에게 우리 교회가 부흥되어야 한다는 거룩한 사명에 도전하게 하셨음을 즐거워합니다. 이에, 세상을 향해서 주님의 복음을 전하고, 우리 교회의 새로운 지체가 되도록 인도하는 것에 집중하게 하시옵소서. 온 교우들이 이 일을 기뻐하여 교회의 부흥을 이루게 하시옵소서.

↳ 이어서 사회와 국가, 교회의 상황에 하나님의 도우심을 구한다.

예배의 순서. 말씀을 준비하신 목사님께 성령의 능력으로 충만하게 하시옵소서. 말씀에 기름을 부어주시고, 저희들은 말씀을 받게 하시옵소서. 오늘의 말씀이 저희들의 심령을 새롭게 하는 결단이 되게 하시옵소서.

○○성가대의 아름다운 찬양이 있는 예배로 하나님께 영광을 돌리게 되며 찬송의 능력을 체험하려 할 때, 여기에 하나님의 영광으로 가득하게 하시옵소서.

저희들이 경건을 다해 예배하는 동안에 몸을 다 드려서 섬기는 이들이 있음에 즐거워하며 그들을 축복합니다. 부르심을 받아 봉사하는 종들이 이른 아침부터 수고를 다하게 하시니 감사드립니다.

회중의 중보. 주님의 교회, ○○의 공동체에 기도의 은혜를 내려 주시옵소서. 저희들이 기도하기를 즐거워하게 하시고, 오순절의 성령강림의 현장이 되게 하시옵소서. 성령님께서 저희들의 생각과 말과 행동을 지도하셔서 하나님의 이름이 더럽혀지지 않는 삶을 살게 하시옵소서.

연약한 지체를 위함. 성도들 중에, 병들고 허약해진 마음의 지체를 찾아가시어, 강하게 붙들어 주시옵소서. 연약해진 마음에 오셔서 기쁨을 주시고 힘이 되어 주시옵소서. 주님의 은혜로 말미암아 근심이 없게도 하시옵소서. 여호와 앞에서 근심이 될 만한 유혹에 넘어가지 않게 하시옵소서.

결단의 간구. 오늘, 예배하는 ○○의 권속들에게 다시 한 번 자신의 뜻을 버리고, 하나님께로 나아가겠다고 결단하게 하시옵소서. 겸손히 하나님의 뜻을 따르기를 소원하게 하시옵소서. 이로써 하나님의 뜻만이 선하다는 것을 고백하는 저희들이 되기를 빕니다. 하나님의 뜻을 이루어드리는 저희들의 삶이 되게 하시옵소서.

예수님의 이름으로 기도드립니다. 아멘.

6월 2주, 11일, 노인학대 예방의날

대상 16:29

여호와의 이름에 합당한 영광을 그에게 돌릴지어다 제물을 들고 그 앞에 들어갈지어다 아름답고 거룩한 것으로 여호와께 경배할지어다

합당한 영광을 돌리라 하시는 하나님,

감사와 찬양. "그대는 하나님께서 하신 일을 기억하고 높이라 잊지 말지니라 인생이 그의 일을 찬송하였느니라."는 말씀에 따라 ○○의 권속이 모이게 하셨습니다. 저희들은 우리 하나님을 송축합니다. 이 백성이 하나님을 찬양하는 소리가 예배당에 가득 채워지기를 원합니다. 하나님의 이름에 합당한 영광을 드리게 하시옵소서.

회개와 용서. 오늘도 저희를 사랑하사 지난날의 그 많은 실수를 꾸짖지 않으시고, 현재의 이 시점에서 "네가 나를 사랑하느냐"고 물으시는 주님을 바라봅니다. 그 크신 은혜로 저희들을 용서해 주시옵소서. 하나님을 떠났던 생각을 다 버리게 하시옵소서. 죄를 씻어 주시는 보혈의 은총으로 깨끗하게 해주시옵소서.

오늘의 간구. ○○교회가 속해 있는 지역사회를 사랑하게 하시니 감사합니다. 여호와의 은혜가 우리 동네에 임하여 교회를 세우게 하셨으니, 여기가 복된 땅이 되게 하시옵소서. 하나님께서 구원하시기로 작정하신 이들이 천국의 문에 이르게 생명의 역사를 일으켜 주시옵소서.

나라와 사회. 우리 민족은 분단의 민족으로 체제와 이념의 갈등 속에서 헤매고 있습니다. 북한의 공산체제하에서 고통 받는 백성들을 긍휼히 여겨 주옵소서. 남쪽에서는 물질의 노예가 되어 하나님 섬기기를 기뻐하지 않는 이들을 용서해 주시옵소서. 이 백성을 불쌍히 여기사 살아계시고 참되신 하나님을 알게 하시고 섬기게 하여 주옵소서.

지교회 공동체. 저희들, ○○의 권속은 여호와께 존귀한 공동체라고 믿습니다. 주님께서 원하시는 빛과 소금의 직분을 감당하는 삶으로 부족함이 없도록 인도해 주시옵소서. 열매 맺는 삶을 위하여 주님의 고난에 적극적으로 동참하면서 살기를 원하는 성도들을 붙잡아 주시고, 세상의 빛과 소금으로 사는 것을 잊지 않게 하여 주시옵소서.

↳ 이어서 사회와 국가, 교회의 상황에 하나님의 도우심을 구한다.

예배의 순서. 하나님의 말씀을 받기 위해서 마음을 모읍니다. 진리와 생명이 되는 말씀을 사모합니다. 말씀을 전해 주실 목사님에게 성령의 능력이 더하시기를 바랍니다. 말씀 속에서 저희들이 거듭나게 하시옵소서.

오늘, ○○성가대원들을 준비시켜주셨음에 감사드립니다. 찬양을 준비한 지체들에게 그 입술로 하나님을 영화롭게 해드림이 되게 하시옵소서. 하나님 앞에서 벅찬 감격으로 찬양을 드리게 하시옵소서.

맡은 자리에서 예배의 진행을 돕는 손길들에게도 은혜를 더하여 주시옵소서. 저희들, 모두에게 예배에 집중함이 더욱 간절해지게 하옵소서.

회중의 중보. 여호와 앞에 꿇어 엎드린 사랑하는 ○○의 지체들을 보아 주시옵소서. 저희들이 눈물을 흘리며 부르짖는 기도를 들으시고, 좋은 것으로 응답해 주시옵소서. 저희들은 하나님의 말씀대로 살아가는 믿음을 갖기를 원합니다. 저희들을 이끄셔서 더욱 굳센 믿음 위에 서게 해주시옵소서. 그 은혜로 주님 안에서 살기를 결단하게 하시옵소서.

연약한 지체를 위함. 저희들의 생명이 이생에서 뿐이 아님에 감사하며 지내기를 원합니다. 천국을 바라보고, 나그네의 길을 감사로 지내게 하시옵소서. 하나님께서 저희들의 영혼을 찾으시면 우리가 주님께로 가며, 주님의 영화스러운 몸과 같이 되어, 하나님을 영원히 찬양하는 소망을 바라보게 하시옵소서. 오직, 하나님을 주목하며 지내기를 원하면서 때에 따라 세상의 풍조에 휩쓸려지는 저희들을 인도해 주시옵소서.

결단의 간구. 지금, 지체들에게 스스로 섬김의 본이 되어 주신 예수님을 닮게 하시옵소서. 우리 교회를 하나님을 섬기고, 사람을 섬기는 아름다운 공동체로 인도해 주시옵소서. 섬김을 통해서 이웃을 사랑하게 하시옵소서. 주님의 삶을 본받고 따르는 교회가 되어 세상을 정화시키는 소금의 역할을 감당하게 하시옵소서.

예수님의 이름으로 기도드립니다. 아멘.

6월 3주, 18일, 목 하지, 단오

시 71:5

주 여호와여 주는 나의 소망이시요
내가 어릴 때부터 신뢰한 이시라

나의 소망이 되시는 하나님,

감사와 찬양. 작은 입술을 크게 벌려 아버지의 영광을 찬양하며, 예배합니다. 하나님을 예배하러 모인 저희들에게 드림의 은혜를 내려 주시옵소서. 하나님께 무엇인가를 드리겠다는 심정으로 예배에 임하기를 원합니다. 주일을 지키고, 예배하기 위하여 마련된 일들이 하나님의 영광을 구하는 것이 되게 하시옵소서. 하나님의 크신 은혜가 하늘로서 내려 감격하여 드려지는 예배가 되게 하시옵소서.

회개와 용서. 성령님을 모셔 들이지 못하고, 세상적인 풍조에 마음을 두고 지냈음을 회개합니다. 성령님의 역사하심을 환영하고, 성령님께서 저희를 사용하시기를 기대해야 하였지만, 반대로 인간적인 생각과 마음 끌림의 욕망을 앞세웠던 죄를 자복합니다. 여호와의 긍휼하심으로 성령님께 소홀히 한 죄에서 떠나게 하시옵소서.

오늘의 간구. 이제, 저희들은 여름의 행사를 갖게 됩니다. 전도기관에서는 신앙을 단련하는 수련회가 준비되고, 교육기관에서는 성경학교 등의 교육행사를 준비합니다. 청년들은 단기 해외선교와 소외

된 곳에 대한 봉사를 준비합니다. 여름의 뜨거움 만큼이나 저희들의 여름 행사를 신앙의 진보를 나타낼 수 있는 기회로 만들어 주시옵소서.

나라와 사회. 이 나라와 민족을 불쌍히 여기사 복을 허락하시고 지켜 주시옵소서. 먼저, 이 나라와 백성이 하나님을 경외하며 두려워하게 하시옵소서. 이 민족을 향해서 이 땅과 이 백성을 복음화 시키기까지 충성을 다하는 교회가 되도록 인도해 주시옵소서.

지교회 공동체. 주님께서 승천하시면서, 이 땅의 사람들에게 맡기신 선교의 사명을 사랑하는 저희들이 되기를 원합니다. 그리하여 하나님의 말씀을 받는 대로 순종하여 지키게 하시옵소서. ○○의 성도는 삶의 자리에서 누구를 만나든지 복음을 전하는 자가 되게 하시옵소서. 복음이 땅 끝까지 전해지기를 원하시는 주님의 뜻을 깨닫게 하시옵소서.

↳이어서 사회와 국가, 교회의 상황에 하나님의 도우심을 구한다.

예배의 순서. 이제, 저희들은 하나님의 말씀을 기다립니다. 강단에 기름을 부어 주시옵소서. 우둔한 귀를 열어서 듣게 하사, 주님을 위해 살겠다는 다짐을 하도록 인도해 주시옵소서. 말씀의 종으로 세우신 목사님께 성령의 권능을 더하여 주시고, 하나님의 음성이 선포되게 하시옵소서.

○○성가대를 세우셔서 하나님께 찬양으로 영광을 드릴 수 있도록 인도하여 주심에 감사를 드립니다. 성가대의 대장을 비롯한 여러 종들에게 은혜를 허락하시고, 온전한 찬양을 하늘에 올려 드리게 하시옵소서.

이 한 시간의 예배에 일꾼으로 선택된 종들을 거룩하게 하시옵소서. 저희들은 그들의 수고로 인해 즐겁게 예배에 임하게 하시옵소서.

회중의 중보. 주님의 몸 된 교회에, 충성하기를 소원하는 지체들이 되게 하시옵소서. 이 교회를 통해서 하나님의 나라를 확장하게 하시옵소서. 불신자들에게 복음을 전해서 그리스도를 영접하게 하는 사역에 헌신하게 하시옵소서. 또한 예수님을 주님으로 영접한 새 교우들에게는 교회의 책임 있는 지체로 속하도록 도움에 헌신하게 하시옵소서.

연약한 지체를 위함. 병상에 누워서 신음하거나 질병으로 슬픔에 빠져 있는 지체들을 위하여 하나님의 자비를 구합니다. 예수님께서 병든 자들을 고쳐 주셨던 것처럼 저희들을 불쌍히 여겨 주시옵소서. 주님만이 구원이 되심을 믿고 의지하는 손길들에게 주님의 선하신 뜻을 보여 주시옵소서.

결단의 간구. ○○의 지체들이 주님의 신부로서 순결하게 살고 규모 있게 살고, 은혜를 보게 하시옵소서. 저희들의 몸과 영혼은 성령님께서 거하시는 전임을 잊지 않게 하시옵소서. 하나님 앞에서 거룩하도록, 어떤 불륜도 금하게 하시며, 말이나 생각, 행동에 더러운 것을 즐기려는 유혹을 물리치게 하시옵소서.

예수님의 이름으로 기도드립니다. 아멘.

6월 4주, 25일, 한국전쟁일

시 125:1

여호와를 의지하는 자는 시온 산이 흔들리지
아니하고 영원히 있음 같도다

여호와를 의지하라 하시는 하나님,

감사와 찬양. "여호와를 찬송하라 여호와는 선하시며 그의 이름이 아름다우니 그의 이름을 찬양하라."(시 135:3) 하시니 찬송으로 예배를 시작합니다. 예배하러 모인 ○○의 지체들을 거룩하게 하시옵소서. 이 전에 모인 이들마다 받은 은혜로 입술을 열어 하나님의 높으심을 찬양하게 하시옵소서. 이 시간의 예배로 닫혔던 입술과 마음을 활짝 열어주시고, 하늘의 하나님께만 영광을 드리게 하시옵소서.

회개와 용서. 주님의 저희들을 향한 은혜는 한 순간도 놓치심이 없는데, 저희들은 주님을 잊고 지낼 때가 많았음을 회개합니다. 입술로는 위엣 것을 바라보자 하면서, 땅에 것들에 마음을 두고 지낸 위선의 죄를 용서해 주시옵소서. 더욱이 이 땅을 저희들의 조국으로 주셨지만 내 동포들에게 천국을 전하는데 소홀하였음을 용서해 주시옵소서.

오늘의 간구. 71년 전에 발발했던 한국전쟁에 대하여 저희 선조들은 아무 대책이나 준비가 없었습니다. 공산군의 남침으로 발발한 전쟁에 많은 이들이 피를 흘리며 숨져 갔습니다. 이역만리에서 자유의 수호를 위해 파송된 16만의 UN연합군을 보내주셔서 이 민족을 구해주셨습니다. 한국전쟁의 역사, 전쟁에 참전했던 용사들의 피 흘림을 대대손손 기억하게 하시옵소서.

나라와 사회. 하나님을 떠난 인류의 역사는 정복과 억압의 역사였지만 하나님의 역사는 해방과 구원의 역사임을 믿습니다. 인류의 역사에서는 애굽과 앗수르가 이스라엘을 정복하고 억압했지만 하나님의 역사에서는 하나님께서 이스라엘을 애굽과 앗수르에서 해방시키고 구원해 주셨다고 믿습니다. 하나님께서 우리나라에 왕으로 좌정하시옵소서.

지교회 공동체. 우리나라, 한 형제가 적이 되어 대치해온 이 민족을 사랑해 주시옵소서. 서로가 어울리고 협력을 하면 아름다운 금수강산에서 행복할 것이지만 분단의 비극으로 남과 북이 어렵게 지내고 있습니다. 다시는 전쟁이 없는, 하나님의 역사하심으로 통일을 이루어 주시옵소서. 서로 부둥켜안고, 하나 됨에 감격하게 하시옵소서.

↳ 이어서 사회와 국가, 교회의 상황에 하나님의 도우심을 구한다.

예배의 순서. 하나님의 말씀을 받을 시간, 저희들에게 진리의 영으로 충만하게 하시옵소서. 진리의 말씀과 하나님의 능력으로 의의 무기를 좌우에 가진 저희들이기를 원합니다. 강단에서 선포되는 말씀으로 믿음을 더욱 굳게 하며, 흔들리지 않는 삶을 소원하게 하시옵소서.

○○성가대원들에게 오늘, 찬미의 제사를 드리도록 찬양을 준비

하게 하시니 감사합니다. 그들의 입술에서 나오는 노래가 천상의 음악이 되게 하시며 함께 한 저희들도 영광을 드리게 하시옵소서. 하나님께 몸으로 드리는 제물이 되어 예배봉사자로 구별된 지체들, 그들이 겸손한 마음으로 예배의 순서를 섬기게 하시옵소서.

회중의 중보. 주님의 몸인 지체를 기억하여 주시옵소서. 주님의 크신 계획이 계셔서 저희들을 자녀로 삼아주셨으니 저희들이 복음이 되게 하시옵소서. 이로써 저희 교회는 주님의 뜨거운 사랑을 나타낼 수 있는 주님의 교회가 되기를 원합니다. 삶의 소망을 잃은 자들에게 이 교회를 통하여 평안이 되시는 주님을 체험하는 역사가 있게 하시옵소서.

연약한 지체를 위함. 주일 아침에, 하나님의 사랑과 은혜를 사모하는 이들에게 풍성한 은혜를 내려 주시옵소서. 지금도 병마와 싸우며 고통 중에 있는 자들에게 치료와 회복의 은혜를 허락하시옵소서. 가정의 여러 문제와 경제적인 문제로 고민하며 간구하는 지체들의 기도를 들어 주시고, 친히 응답해 주시옵소서.

결단의 간구. 인류를 사랑하시는 하나님의 마음을 저희들의 가슴에 담게 하시니 감사드립니다. 저희들을 이 땅에서 태어나게 하심은 조국에 대한 빚진 자의 사명을 주심이라 깨닫습니다. 저희들에게 복음을 듣지 못하여 구원에 이르지 못할 사람이 없게 하시는 하나님의 마음을 주시옵소서. 전도를 위하여 기도하며, 헌금으로 후원하게 하시옵소서.

예수님의 이름으로 기도드립니다. 아멘.

2023 7

7월 **1**주, **2**일, 맥추감사절, 🎵 소서

신 26:10(상)

여호와여 이제 내가 주께서 내게 주신 토지 소산의 맏물을 가져왔나이다 하고 너는 그것을 네 하나님 여호와 앞에 두고

토지 소산의 맏물을 주신 하나님,

감사와 찬양. 복 된 날로 정해주신 시간에, ○○ 교회에 모여 하나님을 예배합니다. 맥추감사절을 맞이하여 거두어들인 것들로 인하여 감사할 때, 여호와의 은혜에 합당한 영광을 드리는 한 시간으로 삼게 하시옵소서. 주님을 영화롭게 해드리려고 모인 이들에게 하나님의 성호를 높여드리게 하시옵소서. 영과 진리로 마음을 바칠 때, 성령님의 감화로 찬송을 부르게 하시옵소서.

회개와 용서. 여호와 앞에서 잘못된 생각과 마음으로 살아온 죄를 고백합니다. 마음과 생각으로는 감사로 지내겠다고 하였으나 겪어야 되는 상황에서 감사를 잊었습니다. 하나님께서 주신 것들에 감사하지 못하고, 오히려 하나님께서 주시지 않으셨다고 여기는 불평이 저희들의 입에 매달려 있습니다. 감사의 영으로 충만하게 하시옵소서.

오늘의 간구. 하나님의 은혜로 시작한 한 해의 삶에서 어느덧 여섯 달이 지나고 저희들의 손에는 첫 수확물이 들려졌음에 감사드립니다. 땅은 기름지고, 골짜기마다 비가 내려 농부가 소산물의 즐거움을

누리듯이, 저희들에게도 거두게 하심에 따라 감사하는 무릎을 꿇었습니다. 맥추감사절의 풍성함을 이웃들과도 나누도록 하시옵소서.

나라와 사회. 이 민족이 하나님을 거부함으로 망하는 자리에 들지 않게 하시고, 범죄함으로 하나님께 버림받는 불행에 빠지지 않게 인도하여 주시옵소서. 그래서 이 땅에 그리스도의 계절이 오게 하시고 하나님을 전심으로 섬겨 더 큰 은혜와 복을 받게 하시옵소서. 하나님께서 다스리시고, 주님을 영원한 왕으로 섬기는 백성으로 삼아주시옵소서.

지교회 공동체. 은혜를 입어 거룩한 자리에 나왔으니, 여기에 모인 이들을 거룩하게 하시옵소서. 하나님께서 거룩하게 하신 이 날을 저희들도 거룩하게 지키기를 원합니다. 여호와 앞에서 잠잠하여 주님의 이름을 높이게 하시옵소서. 예배에 응답해주시는 은혜로, 약한 자에게는 힘이 되어 주시고, 좌절한 자에게는 희망을 누리게 하시옵소서.

↳ 이어서 사회와 국가, 교회의 상황에 하나님의 도우심을 구한다.

예배의 순서. 목사님을 단에 세우셨음에 감사드립니다. 그를 성령님께서 주관하셔서 ○○의 지체들은 다만 아멘으로 그리고 송이 꿀의 말씀으로 듣게 하옵소서.
○○ 성가대원들이 신령과 진정의 기도가 표현된 찬양으로 최상의 영광을 드리기를 소망합니다. 함께 한 저희들도 화답하는 심정으로 여호와의 임재를 바라보게 하옵소서.
오늘도 여호와께 자신들의 몸을 산 제사로 드리는 심정으로 봉사하는 일꾼들이 있습니다. 맡은 자리에서 예배를 사랑하여 섬기는 손길들에게 은혜를 더해주시옵소서.

회중의 중보. 저희들의 심령에 성령님께서 들어오시기 원합니다. 성령님의 충만하심으로 소망의 풍성함에 이르게 해 주시옵소서. 미지근해지는 삶의 자세에 새로움을 주시옵소서. 뜨겁든지, 차던지 성령님의 역사를 보게 하시옵소서. 부활하신 주님께서 주시는 은혜로 강하게 세워주시고, 담대히 나아가게 하시옵소서.

연약한 지체를 위함. 하나님의 이름을 경외하는 환우들에게 공의로운 해가 떠올라서 치료하는 광선을 비추어지는 은혜를 구합니다. 지금은 병상에 누워있으나 고침을 받아 외양간에서 나온 송아지 같이 뛰게 하시옵소서. 질병의 고통을 통해서 주님께 더 가까이 가는 계기가 되게 하시옵소서.

결단의 간구. 하나님께서 우리 교회가 부흥되기를 원하시어 저희들에게 부흥을 소원하게 하셨으니 이루어 주심을 믿습니다. 하나님의 역사가 나타나서 한 사람이 천을 이루고, 열 사람이 만을 이루어 하나님의 나라가 확장되는 은혜를 내려 주시옵소서. ○○의 권속들이 부흥을 이루기 위해 분주하게 움직이게 하시옵소서.

예수님의 이름으로 기도드립니다. 아멘.

7월 2주, 9일

시 99:5

너희는 여호와 우리 하나님을 높여 그의 발등상 앞에서
경배할지어다 그는 거룩하시도다

높여 경배하라 하시는 하나님,

감사와 찬양. "오직 너희의 하나님 여호와께 가까이 하기를 오늘까지 행한 것 같이 하라." 아멘(수 23:8) 자기의 처소에서 흩어져 지내던 지체들이 복된 날 아침에, 주님의 집으로 모였습니다. 예배하는 자리에 오시는 하나님을 찬송합니다. 하나님께서 지키도록 구별해 주신 여호와의 성일을 기뻐합니다. 예배할 때, 여호와의 인자하심이 영원하심을 찬양하게 하시옵소서.

회개와 용서. ○○의 지체들이 하나님 앞에서 죄를 자복하도록 회개의 은혜를 내려 주시옵소서. 여호와의 은택을 헤아리지 않았고, 감사하지 못했던 삶을 고백합니다. 하나님의 인도하심보다 자신의 생각을 더 신뢰했음을 용서해 주시옵소서. 하나님께서 나의 삶을 진정으로 맡겨드리지 못하고 경험의 자로 재고 따지면서 살아왔음을 용서해 주시옵소서.

오늘의 간구. 여름의 햇살을 받으면서 만물이 생기를 더해가는 이 때, 말씀과 성령님이 은혜로 생기를 더하기 원합니다. 영혼을 소성케 하시는 은혜를 소망하게 하시옵소서. 마른 땅에 내리는 단비와 같이 성령님으로 촉촉하게 심령이 젖는 이 달의 삶이기를 소망합니다. 하늘의 문을 여시고, 성령님의 임재를 누리게 하시옵소서.

나라와 사회. 생활이 어려워진 이들을 보게 하십니다. 졸지에 당한 어려움으로 눈물을 흘릴 뿐인 지체들에게 긍휼을 베풀어 주옵소서. 저희 ○○교회와 권속들이 주님의 손이 되어 사랑의 손길을 내어 밀도록 은혜를 주시옵소서. 가난한 지체들이 황당한 가운데 있을지라도 낙심하지 않게 하시며, 여호와를 찾을 때 은혜를 베풀어 주시옵소서.

지교회 공동체. 저희들의 심령을 생명을 밝히는 진리로 채우시고, 주님의 교회에는 평화와 진리가 가득 차게 하시옵소서. 주님께서 저희 교회의 머릿돌이 되어 주셔서 지체들에게 서로 사랑하고 이해하며 감싸 줄 수 있는 은혜를 누리게 하시옵소서. 그리하여 저희 교회는 같은 말을 하고, 같은 생각을 하는 지체들의 공동체가 되게 하시옵소서.

↳ 이어서 사회와 국가, 교회의 상황에 하나님의 도우심을 구한다.

예배의 순서. 우리 교회를 진리로 세워지는 공동체로 삼아주시옵소서. 담임 목사님께서 전하시는 생명의 말씀에 아멘으로 받게 하시옵소서. 영원에 이르도록 해주는 말씀을 붙잡고, 평생을 살아가겠다는 다짐이 있게 하시옵소서.

여호와의 영광이 예배당에 선포되도록 성가대를 세워주셨습니다. ○○ 성가대원들이 하나님을 예배하는 저희들을 대신하여 찬양하는 역할을 귀하게 감당하게 하시옵소서.

이 시간에 예배를 위해서 성실히 맡은 직분의 자리에서 봉사하는 지체들을 기억해 주시옵소서. 저들의 수고를 통해서 더욱 영화롭게 예배를 드리게 하셨음에 감사드립니다.

회중의 중보. 하나님께서 ○○의 지체들에게 이 땅에서 하나님의 나라를 보게 하시옵소서. 저희들 각 사람이 천국 백성이 되어 여호와의 다스림 안으로 들어가도록 하시옵소서. 하나님의 지배를 즐거워하며, 여호와께 마음을 두게 하시옵소서. 하나님의 나라를 성취할 때, 말하는 것과 생각하는 것 이상으로 넘치게 역사하시는 하나님을 바라봅니다.

연약한 지체를 위함. 저희들이 살아오면서 겪어야 했던 불쾌한 기억이 마음을 다스리지 못하게 해 주시옵소서. 사탄이 저희들을 쓰러뜨리기 위해서 낙담을 심으려 할 때, 물리치도록 붙들어 주시옵소서. 과거에 이루지 못한 후회가 아닌, 주 안에서 할 수 있다는 소망이 저희들의 삶을 지배하게 하시옵소서.

결단의 간구. 지나온 시간 동안에 크신 팔로 감싸주신 여호와의 은혜를 깊이 새길 수 있게 하시옵소서. 광야에서의 이스라엘 백성들이 만나와 메추라기로 배부르게 지냈던 것처럼, 하나님이 자녀들을 보호해 주셨음에 감사드립니다. 자기 백성을 긍휼히 여기시는 하나님의 은혜로 살아왔음을 오늘의 예배를 통해 선포하게 하시옵소서.

예수님의 이름으로 기도드립니다.

7월 3주, 16일, 제헌절, 중복

시 20:2-3

성소에서 너를 도와주시고 시온에서 너를 붙드시며 네 모든 소제를
기억하시며 네 번제를 받아 주시기를 원하노라 (셀라)

시온에서 붙들어 주시는 하나님,

감사와 찬양. 저희들에게 하나님의 강권하시는 은혜를 누리게 하시고, 성령님의 충만하심을 주시니 감사합니다. 여기에 모인 ○○의 지체들, 입을 벌려 찬송을 드리게 하시옵소서. 우리를 죄에서 구원해주신 주님의 이름을 높이게 하시옵소서. 저희들의 생각이나 행동이 오직 하나님께만 집중하는 예배가 되기 원합니다. 믿음으로 드리는 예배가 되기를 소망하니 온전히 영광을 드리는 시간으로 삼아주시옵소서.

회개와 용서. ○○의 가족이 주님을 섬기면서 봉사할 때, 다툼이나 허영으로 하지 말라고 하셨으나 사실은 정반대로 행했던 죄를 고백합니다. 오직 겸손한 마음으로 각각 자기보다 남을 낫게 여기라는 말씀과는 거리가 멀었던 행동을 용서해 주시옵소서. 봉사를 통하여 주님의 기쁨을 충만케 해드리는 것에 모자랐음을 용서해 주시옵소서.

오늘의 간구. 헌법이 제정되었던 제헌절을 보내면서 이 나라의 헌법이 제정될 때, 모든 국회의원들이 기도를 시작하게 하셨던 역사적인

사실을 기억하였습니다. 우리 민족을 사랑하시는 하나님의 열심을 보게 하셨습니다. 저희들이 이 땅에서 사는 동안에 헌법을 준수하는 마음을 지니게 해주시고, 천국의 법도 따르게 하시옵소서.

나라와 사회. 오늘, 자기 백성을 돌아보시는 하나님께 감사드립니다. 하나님의 자비하심이 넘쳐서 지상에 있는 많은 나라들과 더불어 우리나라를 지켜 주옵소서. 이제까지와 같이 이 나라에 하늘의 문을 여시고, 복을 내려 주시옵소서. 그리하여 이 땅의 사람들에게 부하게 하시며, 강건하게 하시는 은혜를 내려 주시옵소서. 이 땅에서 살고 있는 자들은 하나님의 지켜주심에 감사하게 하시옵소서.

지교회 공동체. 우리 교회는 오랫동안 정체해오고 있습니다. 저희들은 ○○교회가 성장하여 이 지역사회에서 하나님의 일하심이 크게 나타나기를 소원하게 하시옵소서. 그리하여 하나님의 나라를 위해서 정체라는 벽을 허무는 은혜를 보게 하시옵소서. 게으른 이들에게 주님을 향한 열심을 허락하시고, 낙심되어 있는 이들에게는 소망을 주시옵소서.

↳ 이어서 사회와 국가, 교회의 상황에 하나님의 도우심을 구한다.

예배의 순서. 진리와 생명이 되는 말씀을 사모합니다. 말씀을 전해 주실 목사님께 성령의 기름 부으심과 능력이 더하시기를 원합니다. 말씀 속에서 저희들이 거듭나게 하시옵소서.
여호와의 영광이 예배당에 선포되도록 성가대를 세워주셨습니다. 사랑하는 지체들에게 성령으로 거룩함을 입혀주시옵소서. 저들의 심령을 영화롭게 하시고, 성대를 주관해주시옵소서.

맡은 자리에서 예배의 진행을 돕는 손길들에게도 은혜를 더하여 주옵소서. 겸손한 마음으로 예배의 순서를 섬기게 하시옵소서.

회중의 중보. 주님의 은혜는 저희들에게 주님과 친구가 되게 해 주셨으니, ○○ 교회에는 언제나 임마누엘로 함께 하시옵소서. 저희들을 주님과 동행하는 공동체로 삼아 주시옵소서. 주님의 친구는 주님의 말씀을 지킨다고 하셨으니, 온 성도들이 교회를 중심으로 해서 주님의 뜻을 이루어드리는 아름다운 삶을 살게 하시옵소서.

연약한 지체를 위함. 어려움에 처해 있는 지체를 위하여 간구합니다. 지금, 육체적으로 병들어서 병원이나 집에서 치료 중인 이들이 있으니 고쳐주시옵소서. 주일을 지킬 수 없는 환경이라 직장에 출근한 이들도 있습니다. 그들에게 주님의 평안을 허락하시고, 예수 이름의 능력을 바라게 하시옵소서.

결단의 간구. 하나님께서 정녕 저희들과 함께 하심을 믿습니다. 이제, 육신의 신을 벗고, 옛사람의 신도 벗게 하시옵소서. 인간의 신을 벗고, 여호와의 인도하심 안으로 자신을 맡기는 저희들이 되게 하시옵소서. 하나님의 영광을 위해서 기적의 삶을 살아가도록 인도해 주시옵소서. ○○의 성도들이 하나님의 주권 아래에로 들어가게 하시옵소서.

예수님의 이름으로 기도드립니다. 아멘.

7월 4주, 23일, 대서

사 25:1

여호와여 주는 나의 하나님이시라 내가 주를 높이고 주의 이름을 찬송하오리니
주는 기사를 옛적에 정하신 뜻대로 성실함과 진실함으로 행하셨음이라

주를 높이게 하시는 하나님,

감사와 찬양. "주는 나의 하나님이시라 내가 주께 감사하리이다 주는 나의 하나님이시라 내가 주를 높이리이다."(시 118:28)라고 고백하게 하시니 감사합니다. 주님의 기사와 이적으로 풍성케 하셨음에 찬송을 드립니다. 오직 마음을 다 드리는 지금, 감사로 제사하는 저희들이 되어 여호와의 영광을 인정하게 하시옵소서. 하나님의 이름을 높이고, 세세무궁토록 영광을 바치는 한 시간이 되게 하시옵소서.

회개와 용서. 이 시간에, 저희들의 죄를 고백합니다. 하나님을 영화롭게 해드리기보다, 저희들 자신의 영광을 위해서 살아왔던 죄를 용서해 주시옵소서. 삶의 모든 자리에서 여호와의 주님이 되심을 인정해드리지 못했던 죄를 용서해 주시옵소서. 주님께서는 죄악을 사유하시며 허물을 덮어 주심을 믿습니다.

오늘의 간구. 뜨거운 햇살로 말미암아 곡식은 맺어가고 열매들어 익어가게 하심을 감사합니다. 그러나 폭염은 어르신들과 육체적으로 연약한 이들이 견디기를 어렵게 하고 있습니다. 이 더위 때문에

어려움을 당하는 경우가 일어나지 않게 하시옵소서. 사랑하는 성도들 중에도, 무더위로 인해서 건강을 해치는 경우가 생기지 않게 하시옵소서.

나라와 사회. 우리나라를 지켜 주시고, 저희들에게 기도하는 애국의 정신을 갖게 하시옵소서. 아담을 에덴에서 살게 하셨듯이 저희들에게는 이 땅에서 살게 하셨음을 믿습니다. 이 나라와 백성들이 하나님을 즐거워하고, 여호와의 인도하심을 소망하게 하시옵소서. 이 땅에서 이루어지는 하나님의 나라를 보게 하시옵소서.

지교회 공동체. 이 시간에, 교회를 위하여 간구합니다. 한국 교회가 바로 서게 하시고, 주님의 몸 된 ○○교회에는 세상을 향한 교회의 사명을 감당할 수 있는 은혜를 내려주시옵소서. 하나님의 마음으로 세상을 사랑하고, 섬기는 교회로 삼아 주시옵소서. 십자가를 내려놓지 않고 세상의 고통을 함께 지고 갈 수 있는 교회가 되게 하시옵소서.

↳ 이어서 사회와 국가, 교회의 상황에 하나님의 도우심을 구한다.

예배의 순서. 목사님께서 하나님의 말씀을 준비해주시니 감사합니다. 하늘의 말씀이 온전히 선포되게 하시옵소서. 하나님의 말씀이 점점 왕성하여 지체들의 영혼이 되살아나 사랑과 기쁨과 찬송이 넘치게 하시옵소서.

성가대원들에게 하나님께 영광을 드리며 교회에 은혜를 끼치려는 마음을 주시니 감사합니다. 귀한 종들이 찬양을 할 때, 성도들의 마음과 마음에도 새 생명이 넘쳐나는 은혜로 들어가게 하시옵소서.

부름을 받은 종들이 오늘도 예배를 위한 봉사에 헌신하게 하셨습니다. 거룩한 일에 쓰여 지는 지체에게는 자기를 살펴 봉사하게 하시옵소서.

회중의 중보. 성도들이 하나님의 뜻을 이루어드려 성령님께서 함께 하시는 교회가 되기를 소망합니다. 저희들은 세상에서 부대끼고 지친 곤한 영혼, 연약한 모습 이대로 주님께로 나왔습니다. 사랑하는 지체들을 품에 안아주시고, ○○의 권속을 받아 주시옵소서. 예배하는 중에, 심령이 새롭게 되는 회복을 경험하게 하시옵소서.

연약한 지체를 위함. 질병으로부터 자유하게 하시는 은혜가 이 시간에 ○○ 교회의 성도들에게 주어지기 원합니다. 원하지 않았던 질병으로 신음 중에 있는 이들이 자신을 고통으로 몰아넣은 병에서 고침을 받고자 주님의 손길을 사모하게 하시옵소서. 절망할 수밖에 없는 상황에 처해져도 주님께서 붙잡아 주시면 나음을 받을 것을 믿습니다.

결단의 간구. ○○의 지체들이 성령님께 사용되어서 이 교회가 부흥하는 은혜를 보게 하시옵소서. ○○ 교회의 부흥이 성령님의 지도로 이루어지게 하시옵소서. 성령님의 자리에 사람이 오르지 않게 하시옵소서. 성령님의 지시를 따르고, 성령님의 일하심을 도와드리는 ○○의 지체들이 되게 하시옵소서.

예수님의 이름으로 기도드립니다. 아멘.

7월 5주, 30일. 🈷 유두절

시 12:1

너는 청년의 때에 너의 창조주를 기억하라 곧 곤고한 날이 이르기 전에, 나는 아무 낙이 없다고 할 해들이 가깝기 전에

창조주를 기억하라 하시는 하나님,

감사와 찬양. 살아계신 주를 찬양하며, 영원토록 감사하며 살 수 있도록 도와주시는 하나님께 감사를 드립니다. 하나님은 저희들을 새롭게 해주셨습니다. 우리 주님 안에서 자녀로 살게 하셨습니다. 이 거룩한 아침에, 하늘의 영광을 버리고 이 땅에 오신 예수님을 바라보게 하시며, 입술을 열어 하나님의 높으심을 찬미하게 하시옵소서. 십자가에서 흘리신 피에 적셔지는 예배가 되게 하시옵소서.

회개와 용서. 예수님을 더 깊이 알고자 십자가를 가까이 하지 않았던 삶을 고백합니다. 예수님께서는 우리의 범죄 함을 위하여 내어 줌이 되셨는데, 주님의 십자가를 무시했던 죄를 용서해 주시옵소서. 십자가가 죄인이었던 내가 의롭다 함을 얻는 것이었음에 감사하게 하시옵소서.

오늘의 간구. 여름 실과들이 가지마다 달리면서 농부들을 즐겁게 함과 같이 저희들도 하나님 앞에서 열매를 맺어가기 원합니다. 때를 따라 맺어야 할 열매들이 있어, 여호와를 영화롭게 해드리게 하

옵소서. 예배하는 기쁨으로 이 달의 삶을 살아 소망의 열매로 풍성하게 하시옵소서. 착하고 충성된 종이라는 칭찬의 즐거움을 얻게 하시옵소서.

나라와 사회. 우리나라를 복되게 하시옵소서. 위정자들을 위하여 간구합니다. 나라와 국민들을 위하여 헌신하겠다는 자세에서 정치를 하는 이들을 지켜 주시옵소서. 저들이 하나님을 두려워하게 하옵소서. 자신의 이익과 행복보다는 국민들을 위한 봉사자로 정치에 임하도록 하시옵소서.

지교회 공동체. ○○교회의 성장을 위한 일꾼으로 저희들을 불러주셨음에 감사드립니다. 하나님의 교회를 성장시키라고 사명을 맡기셨으니, 기도와 눈물로 감당하게 하시옵소서. ○○의 지체들이 하나님의 나라를 위하여 목숨을 바치기로 결심하게 하셨으니 성장을 위하여 어떤 헌신도 바치게 하시옵소서.

↳ 이어서 사회와 국가, 교회의 상황에 하나님의 도우심을 구한다.

예배의 순서. 설교를 위하여 단 위에 세우신 목사님께는 영육간의 강건함을 주시고, 말씀을 전하실 때 능력 있는 말씀 되게 하시옵소서. 그 말씀으로 저희들을 위로해 주시옵소서. 교훈과 견책의 말씀을 듣게 하시옵소서.

하나님의 위대하심을 선포하는 ○○ 성가대원들을 보아주옵소서. 그들이 신령과 진정의 예배와 하나님을 영화롭게 해드리는 음악으로 어우러진 최상의 찬양을 드리기를 소망합니다.

오늘, 저희들이 주일을 성수하도록 여러 위치에서 수고하는 이들을 세우셨습니다. 자신의 몸을 산 제물로 드리는 심정으로 맡은 자리에서 예배의 진행을 돕는 손길들에게 은혜를 더하여 주시옵소서.

회중의 중보. 주님께서 당신을 위하여 아무것도 취하거나 챙겨놓지 않으셨던 것처럼 저희의 모든 것으로 영적으로 가난한 자를 부요케 하는 십자가의 정신이 살아있는 저희의 것이 되기를 원합니다. 제자들의 발을 친히 씻겨주신 예수님을 본받아 저희도 십자가의 사랑을 실천할 수 있는 헌신자가 되게 하여 주시옵소서.

연약한 지체를 위함. 오늘도 갈급한 심령으로 나왔으니 저희들의 기도에 응답해 주시옵소서. 성도들의 사업과 가정과 자녀들에게 함께 하셔서 축복에 축복을 더해주는 놀라운 주님의 역사가 일어나게 하시옵소서. 저희의 교회와 가정에서 기도드리는 간구의 소리가 늘 끊어지지 않게 하시옵기를 간절히 원합니다.

결단의 간구. 십자가의 피로 하나님과 화목을 누리게 된 지체들이 구원의 기쁨으로 아름다운 교제를 갖게 하시옵소서. 주님의 십자가로 성도들의 한 몸 된 기쁨을 갖고, 주님을 기쁘시게 해드리게 하시옵소서. 저희들의 삶 전체가 하나님 아버지를 향한 삶이 되게 하시고, 주님을 저희의 희망과 위로로 삼게 하시옵소서.

예수님의 이름으로 기도드립니다. 아멘.

8월 1주, 6일, 화 입추, 월 말복

계 7:11

모든 천사가 보좌와 장로들과 네 생물의 주위에 서 있다가
보좌 앞에 엎드려 얼굴을 대고 하나님께 경배하여

엎드려 얼굴을 대도록 하시는 하나님,

감사와 찬양. "아름답고 거룩한 것으로 여호와께 예배할지어다 온 땅이여 그 앞에서 떨지어다." 아멘(시 96:9) 지금, 하나님께 드리기 위한 불타는 열망이 예배의 순서에서 표현되기를 빕니다. ○○의 권속들 자신과 마음의 태도와 우리의 소유를 드리는 한 시간이 되게 하시옵소서. 이 예배를 위하여 여러 사람들이 일꾼으로 부름을 받았으니 그들 자신이 제물이 되게 하시옵소서.

회개와 용서. 하나님께서 베풀어 주시는 은혜로 지내면서도 성도답게 살지 못했던 죄를 회개합니다. 스스로를 주님의 제자라 하면서도, 주님을 닮지 못한 생활로 살아온 것을 고백합니다. 마땅히 주님의 뒤를 따라야했건만, 손해가 되는 것에는 뒤로 물러나고 거절했던 죄를 회개합니다. 성령님께서 강권해 주시는 권면도 외면했던 죄를 고백합니다. 용서해 주시옵소서.

오늘의 간구. 8월의 첫째 주일에, 주님의 이름에 머리를 숙였습니다. 연일 쏟아지는 불볕더위에서 저희들을 지켜주시니 감사드립니다. 예배하러 성전에 모였으니, 오늘은 ○○ 교회의 지체들이 기뻐하

고 즐거워하게 하시옵소서. 여호와께 감사하는 예배로 나온 권속들에게 날마다 기쁨이 넘치게 하시옵소서.

나라와 사회. 신앙의 선조들은 이 민족을 불쌍히 여기시는 여호와 앞에서 나라 사랑을 외칠 수 있었습니다. 나라와 겨레를 자신들의 몸으로 바꾼 귀한 선조들이 일어나게 하셨던 그 하나님께 예배합니다. ○○의 가족이 이 나라와 이 백성들을 섬기게 하시고, 기도하게 하시옵소서. 하나님의 영이 이 나라에 가득할 때, 강성한 나라가 될 것을 믿습니다.

지교회 공동체. ○○의 지체들의 심령에 부흥을 원하시는 성령님의 마음을 부어 주시옵소서. 사랑하는 성령님께서 성도들이 심령이 부흥됨에 감독이 되어 주심을 믿습니다. 성령님께 마음을 열고, 영접하도록 이끌어 주심을 빕니다. 성령님께서 원하시는 대로 온 교회의 부흥이 이루어지고, 저희들은 다만 성령님의 지시를 따르게 하시옵소서.

↳ 이어서 사회와 국가, 교회의 상황에 하나님의 도우심을 구한다.

예배의 순서. 영생의 말씀을 사모하여 강단을 바라봅니다. 주의 백성들에게 은혜를 주시려고 목사님을 단에 세우셨음에 감사합니다. 그 말씀이 천국시민의 계명이 되고, 법도가 되며, 율례가 되게 하시옵소서.

하나님의 위대하심을 선포하는 성가대원들을 보아주시옵소서. 그들이 하나님을 영화롭게 해드리는 음악으로 찬양을 드리게 하시옵소서.

오늘도 하나님을 영화롭게 해드리려는 심정으로 봉사하는 일꾼들이 있습니다. 맡은 자리에서 섬기는 손길들에게 은혜를 더하여 주시옵소서. 그들의 수고로 예배의 시간이 더욱 영화롭게 되게 하시옵소서.

회중의 중보. 사랑하는 ○○의 지체에게 하나님의 은혜로 말미암아 주님의 의를 덧입혀 주셨음에 감격하게 하시옵소서. 우리가 주 안에서 죄 사함을 통하여 한 몸이 되었으니, 그리스도와 연합하여 그의 모든 부요와 은사들을 공유하기를 소망하기 원합니다. 우리가 서로를 섬기면서 지내게 하시옵소서.

연약한 지체를 위함. 오늘, 질병으로 고생하는 성도들을 위해 하나님을 바라봅니다. 저희 지체들 중에, 병들어 고통의 눈물을 흘리는 이들을 불쌍히 여겨 주시옵소서. 주님께서 그를 병상에서 붙드시고, 갈보리의 보혈로 질병의 근원을 깨끗케 하여 주시옵소서. 병든 자와 상처받은 이들은 지금, 새 힘을 얻을 수 있도록 역사해주시옵소서.

결단의 간구. 오늘, ○○의 공동체에 예배의 은혜로 말미암아 오직 하나님만을 의지하려는 믿음이 더욱 굳세어지게 하시옵소서. 하나님만을 바라보며 살아가는 한 주간이 되게 하시옵소서. ○○의 지체들이 천국의 소망을 갖고 지내도록 성령님으로 충만하게 하시옵소서.

예수님의 이름으로 기도드립니다. 아멘.

8월 2주, 13일, 화 **광복절**

사 9:2

흑암에 행하던 백성이 큰 빛을 보고 사망의 그늘진 땅에
거주하던 자에게 빛이 비치도다

빛을 비추어 주신 하나님,

감사와 찬양. "주여 주께서 지으신 모든 민족이 와서 주의 앞에 경배하며 주의 이름에 영광을 돌리게"(시 86:9) 하시니 감사합니다. 저희들의 마음을 주께로 정하게 하셨음을 반가워하며 찬송을 드립니다. 이 시간에, 하늘의 문이 열려 구원의 은혜와 평강의 복이 넘치게 하신 하나님의 이름에 합당한 영광을 드리는 예배가 되게 하시옵소서. 주님의 영으로 충만하여 축제의 기쁨으로 예배하게 하시옵소서.

회개와 용서. 여호와의 은혜가 넘침은 저희들끼리만 흡족해 하라 하심이 아님을 알면서도 만족하는데 그친 죄를 고백합니다. 하나님께서 저희들에게 주심은 그것으로 여호와께 감사하고, 그 이름을 영화롭게 해드려야 하였으나 그러하지 못한 죄를 고백하니 용서해 주시옵소서. 오늘도 주님의 보혈로 죄를 씻어주심의 은혜를 받게 하시옵소서.

오늘의 간구. 여호와께서 이 민족을 사랑하셔서 광복의 은혜를 허락하셨고, 오늘은 광복 ○○년을 맞이해서 예배합니다. 우리나라의

해방을 위한 많은 몸부림들이 교회를 중심으로 일어나도록 하신 하나님의 일하심에 감사드립니다. 여호와의 구원하심이 민족적으로, 국가적으로 나타났음을 마음에 새기도록 하시옵소서. 신앙 선배들의 국가관을 저희들의 것으로 삼게 하시옵소서.

나라와 사회. 저희들은 감사를 뛰어넘어 하나님의 것을 맡은 청지기로서 살게 하시옵소서. 이 땅에는 아직도 스스로의 힘으로 생활할 수 없는 이들이 많습니다. 질병의 고통과 궁핍 때문에 어렵게 지내는 이들에게 베풀게 하시옵소서. 주님께서 주신 것들은 모두가 이 땅의 백성들과 나누라는 것이며, 그것을 통해서 하나님의 영광을 나타내라 하심임을 믿습니다.

지교회 공동체. 하나님께서 세계 만국 가운데서 이 민족을 사랑해 주시니 감사합니다. 나라를 빼앗기고, 36년 동안이나 종살이를 하던 이 민족을 불쌍히 여겨주셨습니다. 하나님의 특별하신 은혜로 광복의 기쁨을 누리게 되었습니다. 거룩한 자리에서 예배할 때, 광복의 기쁨을 주신 하나님의 섭리를 깨닫기 원합니다.

↳ 이어서 사회와 국가, 교회의 상황에 하나님의 도우심을 구한다.

예배의 순서. ○○의 강단에 기름을 부어주시고, 성령님으로 충만하게 하시옵소서. 목사님께서 예비하신 복음을 선포하도록 감동해 주시옵소서. 하나님의 말씀에 저희들 모두 아멘으로 대답하게 하시옵소서.
○○성가대의 아름다운 찬양이 있는 예배로 하나님께 영광을 돌리게 되며 찬송의 능력을 체험하게 하시옵소서. 종들의 헌신으로 우리 교회에 찬양으로 제사하는 아름다움이 있게 하시옵소서.

오늘의 예배를 위해서 몸을 드려 섬기는 지체들을 구별해 주셨습니다. 이른 시간에 나와서 예배를 돕는 봉사를 하나님은 받으시고 수고하는 종들에게 복을 내려 주시옵소서.

회중의 중보. 우리 교회가 하나님 앞에서 천국 일꾼을 키워내는 학교이기를 빕니다. 성도들이 하나님을 배우기를 즐거워하게 하시며, 주 안에서 양육되는 기쁨을 누리게 하시옵소서. 배우고 가르치는 교회로 삼아 주시옵소서. 하나님의 나라를 확장하기 위해 기도하게 하시옵소서.

연약한 지체를 위함. 저희들이 주 안에서 적극적으로 살아가기 위해서 지난 날, 자신을 괴롭히던 불쾌한 기억을 버리게 하시옵소서. 예수님을 모시기 전에 겪었던 쓰라린 시간을 버리도록 도와주심을 빕니다. 오래된 상처와 실망과 좌절과 과거의 실패에 대한 기억으로 인하여 괴로움을 당하지 않게 하시옵소서.

결단의 간구. 이 민족을 위한 여호와의 열심 때문에 온 겨레가 평안히 살아가고 있습니다. 우리에게 주신 조국이 사랑해야 할 이웃이라는 사실을 늘 기억하며 지내기를 다짐합니다. 한 공동체로 부름을 받은 저희들이 한 목소리로 광복절에의 신앙을 고백하게 하시며, 이 나라를 창성케 하시는 하나님을 바라보게 하시옵소서.

예수님의 이름으로 기도드립니다. 아멘.

8월 3주, 20일, 수 처서

사 12:4

그 날에 너희가 또 말하기를 여호와께 감사하라 그의 이름을 부르며
그의 행하심을 만국 중에 선포하며 그의 이름이 높다 하라

여호와를 선포하게 하시는 하나님,

감사와 찬양. 주를 기뻐하고 즐거워하는 ○○의 지체들이 여호와의 이름으로 나아갑니다. 주일을 광복절 예배로 지키려고 성소에 모인 저희들에게 지존하신 주의 이름을 찬송하게 하시옵소서. 여호와를 두려워하는 백성들로 입을 벌려 찬송하게 하시옵소서. 주 하나님의 이름을 높이 부르며 찬송할 때, 저희들의 심령이 위로부터 내려지는 은혜에 젖어지기 원합니다.

회개와 용서. 회개와 용서. 하나님께 영광이 되며 세상에 대하여서는 소금과 빛으로의 사명으로 지내야 했던 저희들, 사람들에게 대접을 받는 것을 은근히 바라며 살았던 삶을 고백합니다. 바리새인처럼 남보다 나를 의롭게 여기며 교만하게 살았으니 용서해 주시옵소서. 자신에게 정직하고, 하나님의 영광을 구하기에 힘쓰겠습니다. 외식하는 삶에 화가 있음을 늘 잊지 않기를 빕니다.

오늘의 간구. 저희들은 주님과 연합하여 각 지체를 이루어 헌신하고 충성하기를 소원합니다. 저희들의 열심에, 교회가 날마다 부흥되게 하시고, 저희들의 전도가 열매가 되어 구원받은 사람들이 날마다

늘어나게 하여 주시옵소서. 저희들의 수고와 성령의 역사하심으로 늘 승리하는 예배가 있는 교회가 되어, 더욱 든든하게 세워지게 하시옵소서.

나라와 사회. 오늘은 ○○교회가 속해 있는 지역사회를 위해서 간구합니다. 여호와의 은혜가 이곳에 임하여 교회를 세우게 하셨으니, ○○동이 복된 땅이 되게 하시옵소서. 하나님께서 구원하시기로 작정하신 이들이 저희 교회를 통해서 천국의 문에 이르게 하시옵소서. 교회는 이 땅을 위해서 기도를 쉬지 않게 하시옵소서. 저희들의 간구로 하나님의 뜻이 이루어지기를 원합니다.

지교회 공동체. ○○교회, 공동체를 위하여 간구합니다. 저희들에게 섬기도록 하신 주님의 몸, 교회가 날마다 부흥하게 하시옵소서. 하나님의 은혜 가운데 은혜와 진리가 충만한 교회가 되게 하시옵소서. 하나님을 사랑하여 영광을 돌리고, 섬기러 오신 주님의 손길이 되어, 이웃을 사랑하여 덕을 끼치는 복된 교회로 삼아 주시옵소서.

↳ 이어서 사회와 국가, 교회의 상황에 하나님의 도우심을 구한다.

예배의 순서. 목사님께서 대언하시는 하나님의 말씀이 성도들의 마음 밭에 새겨져 열매를 맺게 하시옵소서. 진리의 말씀에 하나님은 영광을 받으시고, 저희들은 더욱 겸손히 무릎을 꿇게 하시옵소서.
찬양을 위하여 부름을 받은 성가대원들에게는 하나님께서 받으실 목소리를 내게 하시옵소서. 예배를 위하여 노래하는 봉사자로 구별된 지체들을 영화롭게 해주시옵소서. 찬양을 드릴 때, 영광을 받아주시옵소서.

예배의 순서를 맡은 종들과 주일을 성수하는 교회를 위하여 봉사하는 일꾼들에게도 감격함으로 섬기게 하시옵소서. 맡겨진 자리에서 충성스럽게 섬겨 이 한 시간을 더욱 영화롭게 하게 하시옵소서.

회중의 중보. 여호와께 존귀한 지체, 거룩한 백성에게 마가의 다락방에 충만하게 임하셨던 성령의 역사하심이 일어날 수 있게 하시옵소서. 육신으로는 세상에 속하여 살아야 하지만 영적인 눈을 열어서 믿음의 주요 또 온전하게 하시는 이인 예수를 바라보게 하시옵소서. 자신의 소욕과 육체의 더러움을 버리고, 주님으로 지내게 하시옵소서.

연약한 지체를 위함. 주님의 부드러우신 손으로 고통에 처한 이들을 만져 주시고, 병든 몸의 손을 잡아 일으켜 주시옵소서. 열병에서 고침을 받은 베드로 장모의 은혜를 저들이 체험하게 하시옵소서. 이 시간에, 자리를 털어내고 일어나기 원하니 주님의 일으키심을 보여주시옵소서.

결단의 간구. 기도의 은혜를 내려 주시옵소서. 오순절의 성령강림의 현장이 되게 하시옵소서. 성령님께서 저희들의 생각과 말과 행동을 지도하셔서 하나님이 이 나라에 하나님이 되심을 드러내게 하시옵소서. 오늘, 나라는 광복을 경험하였지만, 이 땅에는 하나님 앞에서 영적으로 광복을 이루지 못한 이들이 많으니, 복음을 전하게 하시옵소서.

예수님의 이름으로 기도드립니다. 아멘.

8월 4주, 27일

시 33:22

여호와여 우리가 주께 바라는 대로
주의 인자하심을 우리에게 베푸소서

주의 인자하심을 베푸시는 하나님,

감사와 찬양. "오직 여호와는 그 성전에 계시니 온 땅은 그 앞에서 잠잠할지니라 하시니라." 아멘(합 2:20) 주님의 이름을 부르는 지체들이 예배할 때, 성령님의 감동하심이 ○○교회에 충만하시기를 원합니다. 예배하는 저희들의 산 제사를 받으시고, 은혜로 응답해 주시옵소서. 사람에게 기쁨이 되시는 예수님의 능력을 보는 은혜의 시간이 되게 하시옵소서.

회개와 용서. 거짓을 버리고 정직하게 살아야 하였으나 그렇게 살지 못했음을 고백합니다. 순간의 불리함을 모면하기 위해 거리낌이 없이 거짓말을 했던 죄를 용서해주시옵소서. 항상 진실하겠습니다. 거짓말하는 자는 결코 천국 백성이 될 수 없음을 잊지 않게 하시옵소서.

오늘의 간구. 하나님의 은혜로 불볕더위에서도 보호를 받았음에 감사합니다. 지나온 시간의 날들을 돌아볼 때, 감사와 감격일 뿐입니다. 저희들이 주 안에서 승리를 경험하게 하셨으니, 앞으로 더욱 하나님을 사랑하며 살게 하시옵소서. 만왕의 왕이시며, 만주의 주이신 하나님께 영광을 드리게 하시옵소서.

나라와 사회. 어떻게 하십니까, 하나님? 우리 사회에 곤고한 이들이 늘어나고 있습니다. 저희들이 예배하는 이 시간에도 졸지에 어려움을 당하여 쩔쩔매는 이들에게 구원을 베풀어 주옵소서. 우리 사회 곳곳에서 갑작스럽게 닥친 고통에 처한 이들을 불쌍히 여겨 주시옵소서. 저들이 지금의 어려움을 이기게 하시옵소서.

지교회 공동체. 우리 주님의 피로 ○○교회를 세워주신 하나님을 찬양합니다. 오늘도 죽어가는 사람들을 구원하시려고, ○○의 지체들을 통하여 복음을 전파하게 하시니 감사드립니다. 지금까지 주님의 일을 해 온 저희 교회가 앞으로는 갑절로 더 복음을 전하여 보다 많은 이들이 구원에 이르는 방주로 삼아주시옵소서.

↳이어서 사회와 국가, 교회의 상황에 하나님의 도우심을 구한다.

예배의 순서. 말씀을 듣고 단 위에 서신 목사님을 위하여 간구합니다. 목사님을 강권적으로 붙들어 주셔서 말씀을 전하실 때, 성령의 능력이 임하는 역사가 있게 하여 주시옵소서. 말씀을 받으면서 회중에게는 영생을 주시기로 작정된 자는 다 믿는 은혜를 누리게 하시옵소서.
예배하는 한 시간에, 찬송으로 영광을 드리게 하신 성가대를 축복합니다. ○○성가대의 찬양을 아름답게 해 주시옵소서. 입술로 들여지는 찬양에서 신앙고백이 넘쳐나게 하시옵소서.
이 시간에, 여러 자리에서 봉사하는 종들에게 은혜를 내려 주시옵소서. 예배와 교회의 일을 위하여 맡은 이들이 충성을 다하는 은혜를 보게 하시옵소서.

회중의 중보. 주님을 사랑하고 계명을 지키는 자를 위하여 언약을 지키시는 하나님을 확인하게 하시옵소서. 그에게 인자를 베푸시는 하나님을 알게 하시옵소서. ○○의 지체들이 하나님의 마음에 합한 사람이 되게 하시옵소서. 저희들의 소원이 세상의 기쁨보다는 하나님의 기쁨이 되게 하시옵소서.

연약한 지체를 위함. 하나님의 불쌍히 여겨 주심을 기다립니다. 치유의 역사가 임하여 ○○의 지체에게 나타나게 하시옵소서. 하나님께서 원하시면 지금 당장 치료되고, 낫게 될 것을 믿습니다. 지금은 가슴이 무너져 내리지만, 병든 지체들이 역경을 통해서 깨닫게 하시는 하나님의 섭리를 배우게 하시옵소서.

결단의 간구. 우리 교회 밖에는 질병이나 가난으로 이 계절이 더욱 추운 어려움에 처해있는 이들이 있습니다. 주님께서 죄인들에게 오셨음처럼 저희들을 그들에게로 보내시옵소서. 저희들에게 주신 것들을 조금씩 떼어서 그들과 나누게 하시옵소서. 하나님의 사랑으로 그들을 섬기는 저희들이 되게 하시옵소서. 사랑의 주님을 전하게 하시옵소서.

예수님의 이름으로 기도드립니다. 아멘.

9월 1주, 3일, 🌙 지식재산의날, 🟡 백로

히 2:12

이르시되 내가 주의 이름을 내 형제들에게 선포하고
내가 주를 교회 중에서 찬송하리라 하셨으며

교회에서 찬송하게 하시는 하나님,

감사와 찬양. "너희는 여호와를 만날 만한 때에 찾으라 가까이 계실 때에 그를 부르라." 아멘(사 55:6) 9월을 시작해 주시고 맞이한 첫째 주일에, 간절한 기대와 소망을 담아 예배드립니다. 예배하기를 기뻐하는 마음으로 충만하기 원합니다. 우리 하나님이여, 영광을 받으시옵소서. ○○의 지체들이 하나님께 사랑과 영광을 드리는 한 시간의 예배로 인도해 주시옵소서.

회개와 용서. 하나님께서는 저희를 사랑하시며, 저희들이 세상에서 하나님의 사랑으로 지내기를 원하시지만 그리하지 못하였습니다. 하나님의 사랑에 무지한 저희들을 불쌍히 여겨 주시옵소서. 하나님의 사랑을 깨달아야 함에 관심을 두지 않았던 삶을 고백합니다. 저희들은 아직도 사랑하는 자를 사랑하고, 미워하는 자를 미워합니다. 주님의 사랑과는 다른 사랑을 하고 있습니다. 용서해 주시옵소서.

오늘의 간구. 아침과 저녁으로 찬 바람이 불어오면서 새 계절이 열리게 하신 것처럼, 저희들에게도 새로운 신앙의 다짐이 있게 하시옵소서. 여호와의 은혜를 찬양하면서, 새롭게 하심을 바라보게 하옵소서. 교회공동체를 통해서 주신 사명을 감당하게 하시고, 교회 밖을 향해서는 빛이 되고, 소금이 되어 그들로 주님께 영광을 드리게 하시옵소서.

나라와 사회. 여호와의 구원하심이 민족적으로, 국가적으로 나타났음에 감사합니다. 오늘, 우리 민족이 하나님 아버지의 은혜를 새롭게 받아들이게 하시옵소서. 비록 크고 강한 민족은 아니지만, 여호와의 사랑을 입고, 하나님께서 이 나라의 편이 되어주셨음을 기뻐하게 하시옵소서. 이 민족의 가슴마다에 하나님에의 사랑으로 뜨거워지게 하시옵소서.

지교회 공동체. 하늘의 문을 여시고, ○○의 공동체에 부흥의 능력을 내려 주시옵소서. 성령님의 강한 역사로 말미암아 이 지역에 불의한 세력을 몰아내시고, 복음의 전파가 불타오르게 하시기를 원합니다. 부흥의 물결로 말미암아 ○○교회에 죄인을 구원하시는 성령님의 역사가 임하는 것을 보여 주시옵소서. 이로써 영적 싸움에서 승리하여 부흥의 열매를 거두게 하시옵소서.

↳ 이어서 사회와 국가, 교회의 상황에 하나님의 도우심을 구한다.

예배의 순서. ○○의 권속을 사랑하사 강단을 푸른 초장으로 삼아주셨습니다. 목사님을 대언자로 세우셔서 하늘 양식의 말씀을 주시니 감사합니다. 말씀을 대언하실 때, 성령으로 권세가 있게 하시고, 그 말씀을 아멘으로 받게 하시옵소서.
이른 시간에 교회에 나와 찬양을 준비한 성가대원들입니다. ○○성가대원들이 마음과 몸을 드려 찬양할 때, 예배하는 한 시간에 하나님의 영광을 선포하게 하시옵소서.

오늘도 많은 이들 가운데 예배를 위한 봉사자들을 세우셨으니 감사합니다. 아론의 후손이 되어 예배를 돕는 그들이 먼저 거룩한 모습으로 자신을 바치게 하시옵소서.

회중의 중보. ○○의 성도들 중에 한 사람도 자기를 위해 사는 자가 없고 주를 위해 사는 성도들이 되게 하시옵소서. 간절히 바라기는 주님께서 가신 그 길을 원망 없이 기쁨으로 지내게 하시옵소서. 죄의 옷을 벗고 주님이 주시는 세마포로 단장하게 하시며 주님의 영광의 자리에 서게 하여 주시옵소서.

연약한 지체를 위함. 이 시간에, 상심한 자들을 고치시며 그들의 상처를 싸매시는 하나님의 은혜를 소망합니다. 질병으로 고통 중에 있는 ○○의 환우들을 눈동자처럼 보호하사 쾌유하게 하시옵소서. 간구하는 바를 다 들어 응답하셔서 치유와 회복이 이루어 주시옵소서.

결단의 간구. 우리 교회와 성도들은 이웃과 마음을 같이 할 수 있는 믿음의 태도를 갖기 원합니다. 하나님께서 세상을 사랑하시는 그 마음으로 이웃에게로 다가가게 하시옵소서. 그들과 같은 사랑을 갖게 하시옵소서. 그들과 뜻을 합하며 한 마음을 품기 원합니다. 이로써 저희들, 오직 겸손한 마음으로 각각 자기보다 남을 낫게 여기게 하시옵소서.

예수님의 이름으로 기도드립니다. 아멘.

9월 2주, 10일, 토 청년의날

미 6:6

내가 무엇을 가지고 여호와 앞에 나아가며 높으신 하나님께
경배할까 내가 번제물로 일 년 된 송아지를 가지고 그 앞에 나아갈까

경배로 나아가게 하시는 하나님,

감사와 찬양. "이러므로 여호와여 내가 모든 민족 중에서 주께 감사하며 주의 이름을 찬양하리이다." 아멘(삼하 22:50) 주를 기뻐하고 즐거워하는 ○○의 지체들이 여호와의 이름으로 나아갑니다. 성소에 모인 저희들에게 지존하신 주의 이름을 찬송하게 하시옵소서. 여호와를 두려워하는 백성들로 입을 벌려 찬송하게 하시옵소서. 하나님을 사모하며, 경외하는 저희들에게서 영광을 취하시옵소서.

회개와 용서. ○○의 권속, 자녀들에게 신앙의 본이 되지 못하였던 지난 시간들을 고백합니다. 그들에게 하나님을 섬기고 신뢰하는 믿음을 우선으로 가르치지 않았던 죄를 회개하니 용서해 주시옵소서. 우리 아이들이 하나님의 백성으로 세워지기에 부족함이 없도록 인도해 주시옵소서. 하나님의 거룩하심처럼 거룩하게 하시옵소서.

오늘의 간구. 예배하는 시간에, 주의 백성들과 함께 하시는 하나님의 선하심을 찬양합니다. 머리를 숙여 하나님께로 나아가는 지체들에

게 기름을 부어 주시옵소서. 이 거룩한 날, 복된 시간에 인자하심이 영원하심에 대하여 경배를 드립니다. 하늘의 천군과 천사들도 주님의 영광을 찬양하는 날이기를 원합니다.

나라와 사회. 나라와 민족을 위하여 간구하오니, 하나님께서 친히, 파수꾼이 되셔서 보호해 주시옵소서. 하나님께서 대한민국을 사랑하시는 줄로 믿습니다. 그 크신 팔로 국방을 지켜주시고, 사람들이 편히 지낼 수 있도록 도와주시옵소서. 저희들은 나라를 위하여 부름을 받은 하나님의 일꾼이 되어, 나라를 사랑하는 일에 자신을 바치게 하시옵소서.

지교회 공동체. ○○의 지체들, 주님의 신부로서 순결하게 살고 규모 있게 살고, 은혜를 보게 하시옵소서. 저희들의 몸과 영혼은 성령님께서 거하시는 전임을 잊지 않게 하시옵소서. 어떤 불륜도 금하게 하시며, 말이나 생각, 행동에 더러운 것을 즐기려 함을 물리치게 하시옵소서.

↳ 이어서 사회와 국가, 교회의 상황에 하나님의 도우심을 구한다.

예배의 순서. 주님의 피로 세워주신 ○○교회와 양 떼를 위하여 목사님을 보내주셨음에 감사합니다. 목사님께서 들려주시는 말씀을 받아 그 말씀을 지켜서 하나님의 사랑이 풍성하게 되는 삶을 누리게 하시옵소서.
이 시간에도 성가대원들이 찬양을 준비했습니다. 찬송의 노래와 함께 저들을 받아 주시옵소서. 귀한 지체들이 영과 진리 안에서 마음과 뜻을 다해서 드려지는 찬양이 되게 하여 주시옵소서.
예배와 교회를 위해서 구별된 종들에게 기름을 부어 오늘의 직분

자로 세워 주시옵소서. 예배가 더욱 영광스럽기 위하여 봉사를 담당한 지체들인 줄로 믿습니다. 그들을 먼저 영화롭게 하시옵소서.

회중의 중보. 저희들에게 심령의 문을 열어 주시옵소서. 이 시대를 향한 주님의 음성을 기다립니다. 진리를 담아내기 위해서 말씀을 전하시는 목사님을 성령님으로 충만하게 하시옵소서. 주님의 영광을 위하여 헌신을 다짐하게 하시옵소서. 온 성도들은 하나님의 말씀대로 살아가는 믿음을 갖게 하시옵소서.

연약한 지체를 위함. 저희들의 마음이나 생각에서 부정적인 이미지를 몰아내게 하시옵소서. 막연하게 떠오르는 실패의 두려움을 몰아내어 주심을 믿습니다. 저희들 자신을 두려움으로 몰아넣는 주저와 망설임을 거절하게 하시옵소서. 성령님의 도우심은 모든 것에 합력해서 성공으로 인도하심을 믿게 하시옵소서.

결단의 간구. 사탄은 성도를 넘어뜨리려고 온갖 것을 동원하여 몸부림치고 있습니다. 저희들의 심령을 성령님으로 채워주시옵소서. 그리하여 죄를 거절하고, 온갖 탐욕을 물리치며, 사탄을 대적하게 하시옵소서. 십자가 신앙으로 강하게 무장함으로써 마귀의 궤계를 능히 물리칠 수 있도록 하여 주시옵소서. 이 시대를 정복하는 십자가의 군병이 되게 하시옵소서.

예수님의 이름으로 기도드립니다. 아멘.

9월 3주, 17일, 토 추분

렘 51:10

여호와께서 우리 공의를 드러내셨으니 오라
시온에서 우리 하나님 여호와의 일을 선포하자

공의를 드러내시는 하나님,

감사와 찬양. 여호와께 거룩한 시간에, 모든 주님의 백성들이 여호와를 찬양하게 하시옵소서. 추석 명절의 즐거움과 감사의 시간으로 이어지는 오늘, 예배하러 모인 저희들에게 성령님의 뜨거운 역사로 새로움이 있게 하시옵소서. 오늘, 종일을 여호와 그 이름에 마땅한 영광을 드리며, 하나님을 즐거워하게 하시옵소서. 이 자리에 모인 거룩한 백성이 진심으로 무릎을 꿇고, 찬양을 드리게 하시옵소서.

회개와 용서. 저희들을 불쌍히 여기시고, 사랑에서 자유롭게 하시옵소서. 십자가에서 나타났던 주님의 사랑을 가지고 모든 사람을 사랑하게 하시옵소서. 원수도 사랑하지 못하였고, 원수를 위해 기도하지 못했던 사랑이 없었던 삶을 용서해 주시옵소서. 주님께로부터 사랑을 받은 그대로 이웃에게로 나아가게 하시옵소서.

오늘의 간구. 우리 ○○교회가 말씀 가운데 부흥하는 교회, 성령님께서 함께 하시는 교회가 되기를 소망합니다. 저희들은 세상에서 부대끼고 지친 곤한 영혼, 연약한 모습 이대로 주님께로 나왔습니다.

사랑하는 지체들을 품에 안아주시고, 저희들의 예배를 받아 주시옵소서. 예배하는 중에, 심령이 새롭게 되는 회복을 경험하고, 하나님 앞에서 열납이 되는 제물로 살려는 각오를 하게 하시옵소서.

나라와 사회. 우리 사회에 공교육기관들이 있어서 교육을 받게 하셨음에 감사드립니다. 공교육기관에 의해서 인격을 형성하고, 시민의식을 기르게 하시옵소서. 자라는 어린이들이 공교육기관에서 차별이 없이 교육을 받게 하시옵소서. 이로써 대한민국의 미래가 건강하게 준비되게 하시옵소서. 여기에서 봉사하는 이들에게 복을 내려 주시옵소서.

지교회 공동체. 그 크신 팔로 감싸 안아 주시는 하나님께 나아옵니다. 힘들어 지칠 때마다 위로가 되어주셨던 주님이셨습니다. 성령님의 기름 부으심으로 교만한 자아의 무릎을 꿇게 하시고, 강퍅했던 마음은 녹아지게 하시옵소서. 저희들이 낙심될 때, 소망을 갖게 하신 주님을 찬송합니다. 하나님께서 은혜로 행하셨음을 기리게 하시옵소서.

↳ 이어서 사회와 국가, 교회의 상황에 하나님의 도우심을 구한다.

예배의 순서. 오늘, 저희들에게 생명의 말씀을 주시려고, 담임 목사님을 강단에 세우셨습니다. 목사님께 말씀의 능력을 더하셔서 하나님의 음성을 전하시도록 인도해주시옵소서.
이 시간을 영화롭게 하려고 ○○성가대원들에게 열심을 다하여 찬양을 준비시켜 주셨습니다. 대원들 한 사람, 한 사람이 하나님께 드리는 제물이 되어 하나님의 영광을 선포하게 하시옵소서.

오늘도 귀한 지체들이 예배를 위하여 봉사합니다. 성도들의 출입을 위한 안내와 질서의 유지, 여러 시설들의 관리 등, 참으로 몸을 드려 수고하고 있습니다. 그들에게 더욱 큰 은혜를 내려주시옵소서.

회중의 중보. 하나님을 찾은 지체 중에, 단 한 사람도 거저 왔다가 거저 가는 이가 없기를 빕니다. 예배 중에 하나님의 사랑을 나누며, 성도의 교제로 사랑을 실천하는 은혜로운 예배가 되게 하시옵소서. 사실, 저희들은 부족한 가운데서 나왔으니 하나님의 능력으로 채워주셔서 승리자의 반열에 세워 주시옵소서.

연약한 지체를 위함. ○○의 지체 가운데 질병으로 고통 중에 있는 이들에게 회복의 은혜를 내려 주시옵소서. 참기 어려운 시간을 보내고 있으나 질병이라는 사실만 보는 데 그치지 않게 하시고 병고의 뒤에서 움직이시는 하나님의 손을 보게 하시옵소서. 그 사랑의 손을 내밀어 주옵소서. 일어나라 말씀해 주심으로써 기쁨을 보게 하시옵소서.

결단의 간구. 오늘도 ○○의 권속의 가슴은 충성이라는 소원으로 불타게 하시옵소서. 그리하여 부르심에 합당한 열매를 남기도록 이끌어 주시옵소서. 사랑하는 지체들이 하나님의 뜻에 순종하여 열매를 맺는 도구로 사용되게 하시옵소서. 충성스럽게 쓰이도록 드리게 하시옵소서.

예수님의 이름으로 기도드립니다. 아멘.

9월 4주, 24일, 금 **추석**

시 116:6

여호와께서는 순진한 자를 지키시나니 내가 어려울 때에 나를 구원하셨도다

순진한 자를 지켜 주시는 하나님,

감사와 찬양. "여호와의 지으심을 받고 그가 다스리시는 모든 곳에 있는 너희여 여호와를 송축하라 내 영혼아 여호와를 송축하라."(시 103:22) 하시니 영광을 받으시옵소서. 주 하나님의 사랑을 입고 지내던 지체들이 나왔습니다. 구원의 주님이신 나의 하나님께 영광을 드립니다. 거룩하다고 명명하신 날에, 왕이신 여호와 앞에 즐겁게 소리치는 영광을 받으시옵소서. 영과 진리로 예배하기 위하여 나아갑니다.

회개와 용서. 모든 것이 주께로부터 왔음에 하나님께 드리는데 인색하지 말았어야 하는데 그렇게 하지 못했음을 용서해 주시옵소서. 자신의 욕심을 채우려는 습관에서 벗어나지 못하여 땅의 것들을 더 가지려는데 애쓰는 삶이었습니다. 죄를 고백할 때, 주홍 같이 붉었던 죄가 씻어지고 흰 눈처럼 희어진 것을 믿습니다.

오늘의 간구. 추석을 맞이하게 하시니 감사드립니다. 하나님 앞에 설 때마다, 먼저 감사로 나아오는 저희들이 되게 하시옵소서. 풍성한 음식과 사랑이 넘치는 가족의 시간으로 하나님께 감사를 드리게

하시옵소서. 하나님의 은혜를 알고, 감사로 영광을 드리는 자녀들이 되게 하시옵소서.

나라와 사회. 하나님의 이 민족을 사랑하시는 은혜로 우리 사회에 실업인들이 많게 하셨음에 감사드립니다. 기업들이 많이 생기게 하셨으니, 국민들의 삶을 복리로 이끌고, 사회에 공헌하는 회사들이 되게 하옵소서. 기업주들에게 사회적인 기구로 회사를 운영하며 봉사하는 마음을 주시옵소서.

지교회 공동체. 감사로 예배하면서 마음의 무릎을 꿇습니다. 주님의 십자가를 생각하면서 지내도록 하셨으니 영광의 찬미를 드리게 하시옵소서. 하나님께서는 때마다, 일마다 저희들에게 동행해 주시고 지켜주셨음에, 찬양을 드립니다. 오늘, 예배당에 모인 이들에게 오직, 하나님께 드려진 인생, 산 제물로 바쳐지기를 결단하게 하시옵소서.

↳ 이어서 사회와 국가, 교회의 상황에 하나님의 도우심을 구한다.

예배의 순서. 말씀을 들고 단 위에 서신 목사님을 위하여 간구합니다. 목사님을 강권적으로 붙들어 주셔서 성령의 동행하시는 역사가 있게 하여 주시옵소서.

○○성가대를 세워주셨습니다. 거룩한 자리를 지켜 오는 지체들을 축복합니다. 오늘도 그들이 마음과 몸을 드려 찬양을 드려 하나님께 영광을 돌리게 되며 찬송의 능력을 체험하게 하시옵소서. 누구보다도 이른 시간에 나와서 예배를 돕는 지체들이 있습니다. 영과 진리로 담당하게 하시며, 수고할 때, 거룩하게 드려지게 하시옵소서. 저들의 봉사를 하나님은 받으시고 복을 내려 주시옵소서.

회중의 중보. 오늘을 거룩하게 구별하면서 예배하러 모인 저희들, 준비된 하늘의 은혜로 들어가게 하시옵소서. 특별히 바라기는 예배를 드리는 은혜 안에서 주님의 몸 된 교회의 한 공동체를 이루게 하시고, 하나님의 기름 부으심에 거하도록 해주시옵소서. 말씀에 갈급하고 굶주린 심령들에게는 말씀의 충만함이 있는 예배이기를 원합니다.

연약한 지체를 위함. 지금, 혹시라도 저희들 중에, 마음의 분열과 갈등으로 말미암아 나누인 지체들이 있다면 서로를 용서하게 하시옵소서. 서로를 받아들일 수 있는 사랑으로 위로해 주시기 원합니다. 또한 나눔과 반목이라는 불행에 빠진 경우가 있다면 그 상처를 치유하여 주시옵소서.

결단의 간구. ○○교회가 주님의 사랑으로 사회봉사에 헌신하게 하시옵소서. 주님께서 당시의 사회를 섬기며 사셨던 모습을 기억합니다. 이로써 교회에서 섬기는 사회봉사 사역에도 더욱 몸을 드려 참여하기를 원합니다. 자기의 몸을 내어주시려고 하나님이 사람이 되어 오신 주님을 묵상하면서 사회봉사를 위한 헌신에 자원하게 하시옵소서.

예수님의 이름으로 기도드립니다. 아멘.